나를 찾아
행복을 주는 명상

− 2.3평 세상 속 깨달음 −

정 성 호

도서출판 시간의물레

저자 **정 성 호**

남해무지개명상센터 원장
동명대학교 광고홍보학과 교수

중앙대학교 신문방송학과 졸업
중앙대 대학원 광고PR전공 석사
한국외국어대 대학원 신문방송학과 홍보학 박사
(주)리서치 앤 리서치 연구원
(주)이미지관리연구소 책임연구원
대구과학대학교 출판인쇄과 교수
경주대학교 광고홍보학과 교수
동아방송예술대학교 광고홍보과 교수
동서대학교 광고PR전공 교수

나를 찾아
행복을 주는 명상

2.3평 세상 속 깨달음

정성호 지음

도서출판 시간의물레

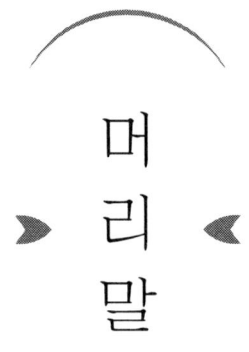

머리말

   우리는 살아가면서 하루하루 좋은 경험 나쁜 경험 등 다양한 일상을 겪게 된다. 우리가 '나는 어떻게 살 것인가?', '잘 살아가고 있는가?' 매일 매일 일상은 간단히 지나가고 있는 것 같지만 많은 일들이 일어나고 있다. 이 과정에 겪게 되는 일은 긍정적인 모습과 그렇지 못한 일의 연속 속에서 개인의 삶은 다양한 양상으로 각자의 일생이 결정되고 있다. 대부분은 자신의 관점에서 생각하고 교만 속에 살고 있다. 더 심하면 오만으로 가족과 사회에 악영향을 미치기도 한다. 나 자신도 겸손하고 남에게 해를 끼치지 않으려 노력한다고 생각했으나, 교만과 욕심으로 점철된 모습에 깜짝 놀라지 않을 수 없었다. 우리는 일상의 세속적인 삶을 잘 지속하기 위해서 어떻게 해야 하는가? 각자 자신의 참 나를 찾고 청정한 삶을 살아가는 방법을 알아야 할 것이다. 일상은 유혹의 연속이다.

유혹에서 벗어나고 탐욕을 이기는 방법은 무엇일까? 인간의 삶에서 청정한 생활을 하기는 어려움이 많다. 이를 극복하는 것은 나 자신을 낮추고 묵상하며, 명상으로 욕망을 억제하며 사는 길일 것이다. 명상은 잠시 자신을 쉬게하며, 나는 누구인가에 집중하는 것이다.

　나는 욕망을 억제하지 못하고 소영웅주의 때문에 유혹에 빠지는 어리석음을 범하고 말았다. 인생을 이해하고 인생 후반을 시작할 시점에 아주 큰 일이 생겼다. 세상에 도움이 되는 일인 줄 알고 돌을 던졌더니 돌 때문에 문제가 생겼다. 앞만 보고 자기 잘난 맛에 살던 내가 큰 코를 다쳤다. 세상에 겪지 말아야 할 구속과 구치소 생활을 하였다. 이러한 경험을 통해 나를 되돌아보는 기회가 생겼고, 나 자신의 본 모습과 그동안 간과하고 살았던 나 자신을 이해하고 새롭게 삶을 살아가는 진정한 방법이 무엇일까를 고민하게 되었다. 진정 자신을 이해하고 자아를 찾고 참 나를 깨닫는 방법은 무엇으로 가능할 것인가? 명상은 깊고 단순화된 마음의 활동이며, 우리 인간을 완성시켜 주는 모체이자 근원이다. 화려한 삶, 폼 나는 삶이 아니라 절박한 현실을 극복하고, 구속과 통제의 생활 속에서 희로애락을 느끼며 사는 삶을 경험하였다. 구치소 오기까지의 각자의 삶에서 화려한 생활을 등지고, 2.3평의 생활을 통해 자신의 인생에 무엇이 문제였던가? 어떻게 해야 할 것인가를 얘기하며, 또 다른 삶을 꿈꾸는 사람들과 함께 느낌을 공유하며 새로운 인연들 속에서 새로운 나를 발견하였다. 서로를 위로하며 함께 새로운 삶에 대한 얘기며, 우리 사회의 변화와 새로운 세상을 향한 미래를 작은 공간에서도 얘기 할 수 있었다. 지금까지는 난 내 자신의 안녕과 행복만을 위해 세상의 모습에는 그리 큰 관심이 없었던 것이다. 세상사를 얘기 했지만 나 자신을 드러내고 잘난 척을 위해 한껏 나서고 잘난 체를 하며 살았던 것이다.

새롭게 인생을 바라볼 기회를 가진 것이다. 만약 이곳에서 경험이 없었다면 나 자신을 진정으로 되돌아 볼 수 있는 기회가 있었을 것인가? 구치소에서 만난 사람들과 공유한 사법제도와 구치소의 생활은 밖에서 보는 것과는 많은 차이가 있었다. 구치소에서 만난 개개인은 자신의 잘못에 대해 각자 할 말이 많은 것 같다. 그리고 모두들 자신의 잘못에 대해 진정으로 뉘우치고 있다. 이곳은 아직도 인권의 사각지대인 어두운 밤이다. 죄는 미워하지만 인간은 미워 할 수가 없는 것이다. 그러나 느끼는 정서는 상당히 멀다. 경찰과 사법당국의 수사관행과 과정은 어떠한가? 구치소의 역할과 기능은 어떠해야 할 것인가? 범죄는 단죄를 해야 한다. 수사로 밝혀야 하고, 범죄자는 교정을 통해 사회의 일원으로 복귀할 수 있도록 해야 한다. 그러나 수사와 교정은 진정 인간의 삶에 대한 반성과 인권을 존중하며 실행되고 있는가? 다시 한 번 생각하지 않을 수 없는 상황이 벌어지고 있다는 것이다.

이제 우리사회가 지향하는 행복한 사회는 어떤 것일까? 행복한 사회를 위해 무엇을 해야 하는가에 대한 진정한 성찰 없이 나 자신을 위해 앞만 보고 달려왔다. 그러다 막무가내로 던진 문건이 언론에 보도되고 이것이 문제가 되어 구속되었다. 달리던 기차를 잠시 세워 극한 오지체험을 하고 나 자신의 삶을 반추 하고서 달리게 하는 기회를 주었다고 위로하며, 결과를 받아들이고 참회하는 시간을 가졌다. 이번을 계기로 우리사회에서 재소자에 대한 인식과 우리 삶의 방향은 어떠해야 할 것인가를 생각하는 기회가 되었다. 이러한 극한 오지와 같은 체험을 통해, 나는 삶의 이정표를 어떻게 해야 할 것인가를 성찰 해보았다. 우리는 어떻게 살아야 하는가? 진정한 행복을 위해 어떻게 해야 하는가?

성경을 읽으면서는 요한복음 8장 7절 '너희 중에 죄 없는 자가 먼저 돌로 치라' 우리가 살면서 자신의 잘못은 못보고 타인을 얼마나 비난하고 질책 했는가, 뿐만 아니라 고린도후서 6장 9-10절에 '무명한 자 같으나 유명한 자요 죽은 자 같으나 보라 우리가 살아 있고 징계를 받는 자 같으나 죽임을 당하지 아니하고 근심하는 자 같으나 항상 기뻐하고 가난한 자 같으나 많은 사람을 부요하게 하고 아무 것도 없는 자 같으나 모든 것을 가진 자로다.' 항상 범사에 감사하며 겸손이 생활화되어야겠다고 생각하는 기회가 되었다. 우리가 살아가면서 얼마나 잘난 체를 하고 살아가는가? 나 자신은 부끄럽기 그지없는 행동을 많이 하였다. 항상 범사에 감사하며 고요한 심성으로 신실한 삶을 살아가는 노력을 하는 계기가 필요했다. 일련의 과정의 어려움을 겪고 새롭게 삶을 살아가는 기회를 주신 것에 감사하는 마음으로 반성과 회개하는 마음이다.

 우리는 어떻게 큰마음을 가지고 참 행복을 찾을 것인가? 내가 느끼고 경험한 바를 나름 정리하여 펼쳐 보았다. 나 자신은 극한 체험을 통해 자신을 되돌아보고 명상을 가질 수 있게 한 것에 감사하고 있다. 깨닫는 다는 것은 무엇인가? 깨달음은 순수의 영역이라고도 한다. 우리가 순수할 수 있는 경지에 이르는 수행을 어떻게 할 수 있을 것인가? 깨달음의 경지는 여러 단계를 그친다고 한다. 우리는 매일 매일 순수를 위해 영혼을 맑게 하는 방법으로 명상을 생각해 볼 수 있을 것이다. 현대인들은 누구나가 대부분 앞만 보고 달린다. 진정 자신을 되돌아보고 스스로를 이해하고 깨달을 기회가 거의 없다. 나는 나 자신에게 닥친 어려움 속에 겪은 바를 토대로 자신을 극복하고 이겨내며 자아를 찾기 위한 방법으로 명상을 하였다. 이러한 명상은 내 자신 속에 있는 욕망과 오만을 내려놓고, 행복하게 삶을 살아가는 방법이 무엇인지 찾아가는 길이다. 명상을 위해서는 자신을 알고 참 나를 발견하고, 고요히 맑은 상태를 유지하는 과정으로 등산과 하산과 같은 과정을 겪는다. 이러한 과정을 통해 명상의 최고 경지인 깨달음에 이르는 것은 많은 노력이 필요하다. 이런 명상은 우리에게 행복이라는 결과를 가져다준다. 즉 자신이 처한 상황과 자신의 상태에 따라 결과가 다양하게 나타날 수 있다. 극한 스트레스를 완화시키기도 하고, 피로, 고통, 공포 등의 감정이 사라지고 쾌감이 뒤따르게 해 주기도 한다. 나는 명상을 통해 자신을 알고 삶을 매우 진지하게 살아 갈 수 있게 되었다. 자신의 온갖 탐욕과 어리석음을 알고 나면 스스로 겸손해지고, 더불어 함께 사는 길을 찾게 됐다. 흔히 우리는 아주 만족하게 해주고, 충만하게 해주는 체험은 어떤 확실한 깨달음을 통해서 주어진다. 우리가 희망하며 헌신하고자 하는 보다 좋은 세계가 어떤 세계인지에 대해서도 바로 이 체험을 통해서 깨닫게 된다. 이러한 경험을 통해 일반 독자들이 조금이라도 삶의 지혜를 얻고 참 행복을 누리길 바란다.

2018년 5월

정 성 호

Contents

1. 나는 어떻게 살아야 하는가? - 12

2. 회한과 반성 - 66

3. 현실에서 깨우침 - 108

4. 회개하는 새 삶 - 130

5. 행복을 위한 명상 - 152

6. 명상을 하면 무엇이 좋아질까? - 190

나를 찾아 행복을 주는 명상

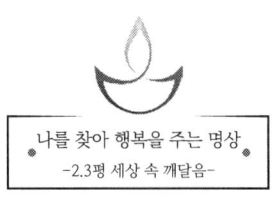

나를 찾아 행복을 주는 명상
-2.3평 세상 속 깨달음-

1. 나는 어떻게 살아야 하는가?

　진정 참 자아를 알고 삶을 산다는 것이 어떤 것인가? 우리는 살아가면서 진정 나는 어떤 모습이 나일까? 이러한 의문은 가지면서도 무감각하게 일상을 살아가고 있다. 나를 알지 못하고 산다는 것은 진실로 위험천만한 삶이란 것도 모르고 지낸다. 한마디로 무면허 운전과 같은 것이다. 극히 일부만이 극한 상황에서 자신을 뒤돌아보는 경우가 있다. 자신을 알고 건강한 삶을 살며, 행복해 지는 방법은 있는가? 소크라테스는 너 자신을 알라했다. 그러면 너는 너 자신을 알고 있는가? 소크라테스는 나 자신을 모른다는 사실만은 알고 있다고 했다 한다. 이처럼 자신을 알기란 어려운 것이다. 하지만 자신을 알기 위해 노력하는 삶이 참 행복을 찾을 수 있는 첩경이라는 것이다.

삶이란 참으로 복잡하고 아슬아슬하다. 걱정이 없는 날이 없고 부족함을 느끼지 않는 날이 없다. 어느 것 하나 결정하거나 결심하는 것도 쉽지 않다. 내일을 알 수 없고 늘 흔들리기 때문이다. 삶이란 누구에게나 힘든 이야기이다.

말로는 쉽게 "행복하다", "기쁘다"고 하지만, 과연 얼마만큼 행복하고 어느 정도 기쁘게 살아가고 있는지 생각해보면 막막합니다. 이러면서 나이가 들고 건강을 잃으면 "아! 이게 아닌데…" 하는 후회의 한숨을 쉬기도 한다. 그런데도 왜 이렇게 열심히 살까. 어디를 향해 이렇게 바쁘게 갈까. 무엇을 찾고 있는 걸까. 결국 나는 나, 우리 속의 특별한 나를 찾고 있다. 내가 나를 찾아다니는 것이다. 그 고통, 갈등, 불안, 허전함은 모두 나를 찾아다니는 과정에서 만나는 것들이다. 참 나를 알기 위해서, 내가 이 세상에 태어난 존재 이유를 알기 위해서, 나만의 특별함을 선포하기 위해서 이렇게 바쁜 것이다.

이 세상에 살고 있는 사람 치고 아무 목적 없이 태어난 사람은 한 사람도 없다. 자기만의 독특한 가치, 고유의 의미와 능력을 가지고 태어났다. 이것을 찾으면 그날부터 그의 삶은 고통에서 기쁨으로, 좌절에서 열정으로,

복잡함에서 단순함으로, 불안에서 평안으로 바뀔 것이다. 이것이야말로 각자의 인생에서 만나는 가장 극적이 순간이요, 가장 큰 기쁨이다. 아무리 화려해도 몸에 맞지 않는 옷을 입으면 불편하여 오래 입지 못하듯이, 아무리 좋은 일도, 때에 맞지 않으면 불안하듯이, 아무리 멋진 풍경도 마음이 다른데 있으면, 눈에 들어오지 않듯이, 내가 아닌 남의 삶을 살고 있으면, 늘 불안하고 흔들린다. 하지만 자기를 발견하고 자신의 길을 찾으면, 그때부터 그의 인생은 아주 멋진 환희의 파노라마가 펼쳐지게 되고 행복과 기쁨도 이때 찾아온다.

1) 나를 찾는 방법

삶의 순수를 꿈꾸는 사람이라도 경쟁을 부추기는 현실에서 자신을 지키며 살기란 쉽지 않다. 세상이 요구하는 가치에 맞추어 살 것인가, 본래의 자신을 지킬 것인가? 이 물음 앞에 선뜻 답하기는 곤혹 스럽다. 이러한 상황에 직면하여 나를 찾자고 주장한 옛 사람이 있다.
혜환(惠寰) 이용휴(李用休, 1708~1782)는 18세기를 살다간 남인계의 학자다. 본래 명문가의 집안이었으나 큰아버지로 인해 역적의 집안으로 내몰린 후, 과감히 벼슬길을 포기하고 평생 재야의 학자로 살았다. 그는 문학을 존재 증명의 방편으로 삼아 독창적인 문학 세계를 펼쳐 보인 끝에, 연암 박지원과 쌍벽을 이루는 문단의 큰 학자가 되었다.

특히 혜환은 '나'에 대해 관심이 참 많았다. 나는 누구이며 어떻게 살아가야 하는지에 대해 깊이 고민했다. 그리곤 남의 눈치를 보지 말고 당당하게 자신을 믿고 살아가리라 결심했다. 어느 날은 신의측(申矣測)이란 제자가 참된 나를 찾는 방법을 물었다. 혜환은 그를 위해 [환아잠(還我箴)]을 지어주었다.

'옛날의 나, 맨 처음엔 본연 그대로 순수했지. 지각이 생기면서 해치는 것들이 마구 일어났네. 지식이 해로운 것이 되고 재능도 해로운 것이 되었다네. 마음과 일이 관습에 젖어들자 갈수록 벗어날 길이 없었네. 성공한 사람들을 아무 어른, 아무 공(公) 하면서 극진히 떠 받들며, 그들을 이용하여 어리석은 사람들을 놀라게 했네. 본래의 나를 잃어버리자 진실한 나도 숨어버렸네. 일 꾸미기 즐기는 자들, 돌아가지 않는 나를 노렸지. 오래 떠나 돌아갈 마음 생기니 해가 뜨자 잠에서 깨어나는 듯, 몸 한번 휙 돌이키니 이미 집에

돌아왔네. 주변 모습은 달라진 것 없지만 몸의 기운은 맑고 편안하다네. 차고 풀고 형틀에서 풀려나 오늘에야 새로 태어난 듯. 눈도 더 밝아진 게 아니고 귀도 더 밝아지지 않았으니, 다만 하늘이 준 눈과 귀의 밝음, 처음과 같아졌을 뿐이네. 수많은 성인은 지나가는 그림자, 나는 나로 돌아가길 원할 뿐. 갓난아이나 어른은 그 마음 본래 하나라네. 분향하고 머리 숙여 천지신명께 맹세하노니 이 한 몸 마치도록 나는 나 자신과 더불어 살아가리.'

- 이용휴, [환아잠(還我箴)]

환아(還我)는 '나로 돌아가자'는 뜻이다. 혜환은 왜 나로 돌아가라고 당부했던 것일까? 큰 키와 짙은 눈썹의 신의측은 무척이나 가난했다. 남의 자녀를 가르치는 글방 선생, 곧 숙사가 되었는데 요즘 직업으로 치자면 학원 선생이다. 숙사는 학생들의 수업료로 먹고 산다. 가난한 삶, 자존감이 낮은 직업은 삶이 불안정하고 남의 눈치를 봐야 한다. 그러나 그는 구차하게 돈에 매달리거나 권세가와 어울리지 않았다. 혜환은 그런 제자를 격려하며, 과거 헛된 명예를 구하느라 참된 자아를 잃어버렸던 과거를 반성적으로 들려준 것이다.

나는 왜 나답지 못하게 되는 걸까? 초심(初心)을 잃어버린 탓이다. 혜환 역시 젊은 시절 출세를 꿈꾸며 성공한 사람들을 기웃거리며 잘 보이려 애썼을 것이다. 출세와 명성을 좇다 보면 어느 샌가 꾸밈없고 진실한 나의 모습을 잃어간다. 앞만 보며 달려온 어느 날 문득 예전의 나로 돌아가고 싶어졌다. 욕심 없던 나, 순수했던 초심으로 돌아가자고 결심한다. 본래의 나를 되찾으니 삶은 전과 다름없지만 마음은 평화롭고 편안하다. 나는 나로 돌아가면 그뿐 다시는 세상의 유혹에 넘어가지 않으리라 다짐한다. 세상은 내게 성공과 출세를 위해 살아가라고 유혹한다. 성공하기 위해선 수단과 방법을 가리지 말라고 속삭인다. 치열한 경쟁 사회에서 낙오되지 않기 위해 아등바등 사는 건 지금이나 그때나 비슷해 보인다. 그러나 반성하는 지식인은 위선의 가면을 벗어던지고 진실한 나로 돌아가리라 다짐했던 것이다. 그리하여 혜환은 자신만의 길을 개척하며 진실한 언어를 펼쳐내는 작가로 우뚝 섰다.

　선인의 가르침 속에서 느낄 수 있듯이 세상의 유혹에서 벗어나기 위해서도 나 자신을 찾아야 한다는 것이다. 나 자신은 본래의 초심에서 찾고 있다. 즉 순수한 모습이 그것이다. 순수는 청정한 깨끗한 본래의 모습을 말한다. 세속의 삶에 찌든 우리의 삶을 되돌아보고 순수한 참 자아를 알고 그 모습으로 돌아 가는 것이 필요하다.

(1) 자아의식(정체성)

인간 누구에게나 최대의 관심사는 자기 자신이다. 누구나 내가 누구인지 알고 싶어 하며, 내가 남들에게 어떻게 보여 지는지 관심을 갖고 있다. 그뿐만 아니라 내가 어떻게 살아야 하는지도 알고 싶어 한다. 이 문제에 대해서 특히 관심을 갖고 연구하는 이들은 심리학자들이다.

1950년대 미국의 심리학자 조셉 루프트(Joseph Luft)와 해리 잉햄(Harry Ingham)이 개인의 자기계발과 대인관계 훈련을 위해서 개발한 심리학적 모델을 '조하리의 창'이라 한다. '나도 알고 남도 아는 나'는 공개영역이다. 객관적인 신상정보가 여기에 해당한다. 이름과 나이, 성별, 학력, 주소 등 개인을 알기 위한 최소한도의 정보이다. 우리가 누군가를 안다고 할 때 가지고 있는 대부분의 정보가 사실은 이 영역 안에 있는 것이 많다. 하지만 이것만으로는 그 사람을 깊이 안다고 할 수 없다.

누군가를 더 잘 알려면 공개영역을 넘어서서 맹인영역과 비밀영역으로 들어가야 한다. 이 두 영역에는 빛과 그림자가 다 포함되어 있다. 맹인영역은 맹인이 자기 모습을 보지 못하듯이, 자기 자신은 모르고 있지만 남들은 알고 있는 영역으로서, 습관이나 매너 또는 잠재력이나 성품을 포함한다. 나쁜 습관이나 고약한 매너는 자기도 모르는 사이에 자신에 관한 평판을 떨어뜨린다. 반대로 남들에게 없는 잠재력이 보이거나 좋은 성품을 지니고 있으면 사람들에게 좋은 평판을 받을 수 있고 격려도 받을 수 있다. 이 영역을 알게 되면 대인관계가 한층 더 깊어질 수 있고 자기 자신에 있어서도 자신감이 높아질 수 있다.

비밀영역은 남들에게는 알려져 있지 않지만 자기 자신은 알고 있는 영역으로서, 죄나 상처 또는 꿈이나 희망을 포함한다. 죄가 없거나 상처 하나 없이 살아가는 사람은 없다. 죄는 회개를 통해서 그리고 상처는 상담과 대화를 통해서 드러날 때 내면에 있던 어둠이 빛으로 나오게 되어 치유가 될 수 있다. 이와는 반대로 모든 사람은 꿈을 가지고 있고 미래에 대한 희망으로 살아간다. 꿈이나 희망 역시 현실화될 수 있도록 노력하게 만드는 원동력이 된다는 점에서 중요하다. 대인관계에서 다른 이들이 지닌 죄나 상처를 함부로 건드리면 관계가 악화될 수 있지만 본인이 자발적으로 드러내고 자신을 객관화시킬 수 있으면 자아는 한층 성숙해진다. 또한 누군가의 꿈과 희망을 키워주고 격려해 준다면 대인관계는 멘토와 멘티의 수준으로 발전할 수 있고 본인에게는 이전에 없던 창조적인 에너지가 인생에 작동하게 된다. 이 두 영역까지 이해하게 되면 우리는 누군가를 제법 안다고 할 수 있다. 자기 이해가 깊어지려면 맹인영역도 수용할 수 있어야 하고, 우리의 대인관계가 깊어지려면 비밀영역까지 이해할 수 있어야 한다.

하지만 미지의 영역은 하나님만이 아시는 참된 자아의 영역이다. 이 영역이 자기 성장의 가능성을 지니고 있는 영역이다. 이 영역을 제외하면 나머지 영역은 껍데기에 불과하다. 자아가 성장함에 따라서 얼마든지 변화하기 때문이다. 우리 인생의 마지막 순간에 남는 것은 공개영역이나 맹인영역이나 비밀영역이 아니라 미지의 영역에 남아있는 자아의 모습이다. 관 뚜껑이 닫힌 다음에 세상 사람들이 기억하는 것도 미지의 영역에 남아서 본인의 마지막까지 성장시켰던 그 모습이다. 더욱 중요하게 생을 마친 다음에 우리가 하나님 앞에 대면하는 것도 미지의 영역 속에 남아있었던 자아이다.

(2) 욕망과 욕구

나는 무슨 힘으로 살아가는가? 또 미지의 자아를 찾아가기 위해서는 어떤 힘이 필요한가? 나를 살게 하는 힘은 욕망이다. 이 힘은 태어날 때부터 죽는 순간까지 우리에게 작동하는 힘이다. 욕망은 결핍된 것을 채우려는 힘으로서 인간의 생존 본능에서 나온다. 욕망의 결과가 이전보다 더 살기 편하도록 인류 문명을 만들었지만 문명조차도 욕망을 다 채우지 못한다. 욕망에는 한도 끝도 없기 때문이다. 욕망의 포로가 되면 인간은 마귀의 노예로 전락한다. 욕망을 길들이는 교육과 종교의 효과를 절제라고 한다. 인류 역사상 수많은 철학자들이 인간의 욕망을 주제로 사색하였고, 역시 수도 없이 많은 문학 작품이 주제로 다루었다. 이 중 가장 흔한 것이 돈과 성에 대한 욕망이다. 또한 알코올이나 마약 등 물질에 중독이 된 사람도 이 범주에 해당한다. 욕망을 최대한으로 추구한 결과로 나타난 충돌의 극한은 전쟁이다.

마귀는 인간의 욕망을 부추겨 인간과 세상을 지배한다. 욕망에 사로잡힌 인간은 마귀에 들린 것처럼 자신을 파괴하고 세상을 어지럽힌다. 세상과 역사를 어둡게 하는 이들을 악인이라 한다. 최근에 세상을 떠들썩하게 만든 악인의 사례로, 약물에 취해 딸의 친구를 살해하고, 친구를 집단 구타하고, 부모의 재산을 상속받기 위해 불법을 저지르고, 자신의 안녕을 위해 부정한 방법으로 직장을 구하는 것을 들 수 있다.

그래서 욕망을 절제로 길들이는 방법에 대해서 많은 심리학자들이 사색을 통해 연구한 바 있다. 그 중 대표적인 심리학자로 1960년대에 미국에서 활약한 매슬로우를 꼽을 수 있다. 그에 의하면 이성으로 길들여진 욕망을 욕구라 하는데, 욕구는 생리 욕구, 안전 욕구, 소속 욕구, 존경 욕구, 자아실현 욕구가 있다. 이것이 매슬로우의 욕구5단계설이다(Maslow's hiararchy of needs). 이후는 인류애의 실현으로 나타나는 성인의 자아초월 욕구 순서로 발전한다.

① **생리 욕구** : 생리 욕구는 허기를 면하고 생명을 유지하려는 욕구에서부터 후손을 번식시키려는 성욕까지 포함된다.

② **안전 욕구** : 생리적인 욕구가 충족되면 위험이나 위협으로 인한 불안에서 자신을 보호하려는 안전 욕구가 생긴다.

③ **소속 욕구** : 안전 욕구가 충족되면 가족이나 친구 등과 친교를 맺어서 마음 편한 집단에 소속되고 싶어 하는 욕구가 생긴다. 세상이 아무리 나를 멀리 한다 해도 누군가는 무조건적으로 내 편을 들어줄 사람이 누군가에게 필요한 법이다. 대부분의 세상 사람들은 대개 이 정도에서 살아간다. 이들을 범인(凡人)이라 한다. 하지만 소수의 사람들은 이 정도에서 그치지 않고 더 높은 수준의 욕구를 갈망하기도 한다. 그것이 존경 욕구이다.

④ **존경 욕구** : 나를 편 들어 주는 정도가 아니라 마음으로부터 나를

좋아하게 만드는 인생을 살고 싶은 욕구가 있기 때문에 사람들은 인생을 계획할 때 선한 가치를 지향하며 이를 위해 희생도 마다하지 않을 수 있다. 이 소수의 사람들 덕분에 세상은 어둡지 않고 밝을 수 있다. 이들을 의인(義人)이라 한다.

⑤ **자아실현 욕구** : 존경 욕구가 발전하면, 남들이 알아주지 않아도 자기가 옳다고 믿는 가치를 위해 헌신하려는 욕구가 발동한다. 역사를 빛내는 소수의 이 사람들을 위인(偉人)이라 한다.

  이 이후에는 보편적 인류애를 실현하기 위해 나타나는 자아초월 욕구가 있다. 자아실현 욕구가 무르익으면 자기 인생을 희생하면서라도 기본 욕구가 결핍된 불특정 다수를 위해서 봉사하려는 자아초월 욕구가 생긴다. 인류의 보편적 가치를 위해 헌신하는 이 극소수의 사람들을 성인(聖人)이라 한다.

  악인과 범인, 의인과 위인 그리고 성인의 경계는 종이 위에서 자로 금 긋 듯이 구분되지 않는다. 욕망은 범인과 의인, 위인과 성인도 유혹하기 때문이다. 위대한 성인조차도 하나님 앞에서는 죄인임을 고백하는 이유가 여기에 있다. 악인은 욕망에 사로잡혀 악에 빠져버린 인간이지만 죄인은 마귀로부터 유혹을 받는 인간이다. 이렇게 악인과 죄인은 다르다. 마귀의 전략은 사람들로 하여금 하나님께로 나아가지 못하고 욕망의 포로가 되게 하는 것이다. 스스로 죄인임을 자각하는 인간으로 하여금 그 죄의 사슬에 매여 자포자기하게 만드는 것도 마귀의 책략이다.

하지만 인간은 죄인이면서도 자기 욕망을 극복하려는 노력 덕분에 범인이면서도 의인, 위인 심지어 성인이 되기를 지향하게 된다. 여기에는 미지의 영역에 속해 있는 참된 자아를 실현하려는 노력도 필요하지만 이를 이끌고 계시는 하나님의 힘이 반드시 필요하다. 이것이 예수님께서 세상에 오신 이유이고 교회를 세우신 이유이다.

(3) 예수님과 마귀 이야기

게라사 지방에서 더러운 영이 들려 무덤가에서 살고 있던 그 사람은 어느 누구도 그를 쇠사슬로 묶어 둘 수 없었다. 그는 밤낮으로 무덤과 산에서 소리를 지르고 돌로 제 몸을 치곤하였다. 그랬던 그가 예수님을 만나자 엎드려 절하였고, 그분은 더러운 영에 들린 그 사람이 낫기를 원하고 있음을 아시고, 더러운 영에게 그 사람에게서 나가라고 명령하셨다. 그러자 더러운 영들은 돼지 떼 속으로 들어갔고 비탈을 내리 달려 호수에 빠져 죽고 말았다. 더러운 영이 들렸던 그 사람은 제 정신으로 돌아왔고 예수님께 같이 있게 해 달라고 청했으나, 그분은 집으로 가족들에게 돌아가, 주님께서 해주신 일과 자비를 베풀어 주신 일을 모두 알리라는 사명을 주셨다고 한다.

'더러운 귀신이 사람에게서 나갔을 때에 물 없는 곳으로 다니며 쉬기를 구하되 쉴 곳을 얻지 못하고, 이에 이르되 내가 나온 집으로 돌아가리라 하고 와 보니 그 집이 비고 청소되고 수리되었거늘 이에 가서 저보다 더 악한 귀신 일곱을 데리고 그 집에 들어가서 거하니 그 사람의 나중 형편이 전보다 더욱 심하게 되느니라 이 악한 세대가 또한 이렇게 되리라.'(마태 12,43-45)

이 성경 이야기는 죄인이 회개하게 되는 이치와 경로를 알려준다. 더러운 귀신, 즉 마귀가 들린 사람은 본시 악인이 아니었다. 욕망을 다스리지 못해 마귀가 들어왔을 뿐이다. 그러나 마귀가 들어왔기 때문에 그 사람은 제 정신을 차리지 못하고 자기 자신을 괴롭힐 뿐 아니라 다른 사람들과도 정상적인 대인관계를 가질 수 없었다. 어떤 물질이나 행위에 중독이 된 사람의 증세도 이와 비슷하다. 중독 증세에 걸린 사람을 마귀 들린 사람처럼 단정해서는 안 된다. 이는 의학적으로나 신학적으로 근거가 없으며 일종의 사회적 낙인이 될 수 있기 때문에 그 사람에게 심각한 상처를 줄 수 있다. 실제로 어떠한 중독 행위가 없이도 마귀에 들린 사람이 있다. 하지만 중독의 원인이 된 물질이나 행위에 대한 욕망에 빠진 결과라는 점에서 우리는 마귀 들린 사람의 경우에서 매우 중요한 시사점을 얻을 수 있다. 즉 직접적인 원인은 다르지만 근본 원인이 같기 때문에 처방도 같을 수밖에 없다. 마귀 때문에 죄인이 된 것이기 때문이다. 죄인이 된 처지의 가장 중요한 특징은 자기 자신을 의지와 이성으로 통제할 수 없다는 데 있다. 마음은 선을 행하고 싶지만 몸은 악으로 기울어지는 상태이다. 예수님께서는 그 사람과 마귀를 구분하신다. 이 점이 매우 중요하다. 그리고 마귀로부터 벗어나려고 하는 그 사람의 청을 아시고 마귀를 쫓아내어 도와주신다. 중독 증세에 걸린 사람들도 물론 예외가 아니다.

그러나 마귀로부터 벗어났다고 해서 끝이 아니다. 인간의 이성과 자유를 이끄는 더 높은 힘, 즉 선한 영의 이끄심을 받아야 욕망의 포로 신세는 끝이 난다. 그렇지 않으면 처음보다 더 나빠질 수 있다. 그러니까 중독 증세에서 벗어난 사람이라도 아직도 중독 증세에 걸려 고생하는 이들을 도와주려는 선행을 통해서 비로소 완전하게 중독에서 해방될 수 있다고 말할 수 있다.

(4) 나를 찾아서

'그러므로 내가 너희에게 이르노니 목숨을 위하여 무엇을 먹을까, 무엇을 마실까, 몸을 위하여 무엇을 입을까 걱정하지 말라. 목숨이 음식보다 중하지 아니하며 몸이 의복보다 중하지 아니하냐. 이는 다 이방인들이 구하는 것이라. 너희 하늘 아버지께서 이 모든 것이 너희에게 있어야 할 줄을 아시느니라. 그런즉 너희는 먼저 그의 나라와 그의 의를 구하라. 그리하면 이 모든 것을 너희에게 더하시리라'(마태 6:25, 32-33).

'자기 목숨을 얻는 자는 잃을 것이요. 나를 위하여 자기 목숨을 잃는 자는 얻으리라'(마태 10:39).

여기서 먹고 입어서 부지하려고 하는 '목숨'과 음식이나 옷보다 소중한 '목숨'을 구분해야 한다. 앞의 '목숨'은 욕망의 포로가 되어 있거나 최소한 생리적 욕구에 만족하는 인생과 자아이다. 그러나 뒤의 '목숨'은 욕망의 포로에서 벗어나 더 높은 욕구로 실현되는 인생과 자아를 뜻한다. 이 새로운 인생과 자아는 미지의 영역 안에 감추어져 있기 마련이다.

하나님께서만 아시는 참된 자아를 실현하려면 자기실현과 자아초월의 욕구를 이해해야 한다. 인간의 올바른 이성을 이끌어주는 슬기, 통달, 의견, 지식의 은사와 올바른 의지를 이끌어주는 굳셈, 효경, 경외심의 은사가 있어야 한다.

이 일곱 은사는 나를 선한 영이 이끌게 도와주는 영적인 선물이자 힘이다. 내가 이제까지 알지 못했고 남들도 모르며 오직 하나님만이 아시는 참된 나를 찾아가게 해 주는 길잡이인 것이다. 이렇게 나를 찾아 나의 본성에 따라 참된 삶을 이어가는 노력을 할 때 행복이 찾아온다. 예수님은 사랑을 말씀하고 계신다. 사랑은 단순히 남녀간의 애정의 사랑이 아닌 십자가를 지는 사랑을 말한다. 즉 초월적인 참 사랑을 느끼어야 하는 것이다.

(5) 나는 세상의 절반이다

객관적으로 나 한 사람은 지구상에 사는 70억 인구 중의 하나에 불과하지만, 주관적으로는 세상의 절반이다. 나 한 사람이 없어도 세상은 아무 문제없이 잘 돌아갈 테지만, 주관적으로 내가 없으면 세상도 나에게는 전혀 의미가 없다. 그래서 세상 모든 사람이 즐거워해도 내 손톱에 가시가 박혀 있으면 나는 아프다. 또 반대로 세상 모든 사람이 슬퍼해도 내 마음 안에 기쁨이 솟아오르면 나는 웃을 수 있다. 그래서 내 마음이 어두우면 세상의 절반이 어두운 것이고 내 마음이 밝으면 세상의 절반이 밝아지는 것이다. 나의 자아가 성숙하면 세상 절반이 천국이 되는 것이고 나의 자아가 욕망에 사로잡혀 있으면 세상 절반이 지옥이 된다. 한 사람의 자아가 성숙해지고 밝아짐으로써 그의 일생이 달라질 수 있고 그가 만나는 세상이 달라질 수 있다. 이 얼마나 크고 의미 있는 일인가! 범인 차원에 머물지 않고 의인이나 위인으로 더 나아가 성인으로 살아가면서 행복하기를 추구한다면 그 한 사람의 새로운 자아는 새로운 세상을 창조하는 사람이 되는 것이다.

세상 사람들이, 적어도 나에게 중요한 사람들이 이러한 나의 중요성을 알게 된다면 세상이 얼마나 달라질 것인가? 나와 관계를 맺고 있는 사람들이 참된 자아를 찾을 수 있도록 도와주면 나의 참된 자아는 덤으로 얻어진다. 그것이 사랑으로 맺어지는 관계이며, 우리가 먼저 찾아야 할 '하나님 나라의 의로움'이다.

진정한 사랑은 그렇지 않다. 집착하지 않는다. 믿어주고 기다려 주고 용서한다. 그렇게 겉으로 뜨겁지는 않아도 꾸준하다. 오래 간다. 사랑이 점점 더 채워져 간다. 더 견실해진다. 우리 속에 무엇으로 사랑을 갈구하는지를 잘 살펴보아야 한다. 창조주의 사랑이다. 모든 것을 주시고 보살피시는 참 사랑인 것이다. 자연과 우주의 참 모습을 만난다. 그리고 하나님의 사랑도 만난다. 그리고 그 속에서 나는 사랑받고 존귀한 자로 다시 태어난다. 그리고 힘든 세상을 이겨나간다. 그 사랑의 힘으로 말이다. 우리는 살아가면서 나의 의지와 관계없이 어떤 상황에 부딪히는 경우가 많다. 한치 앞을 알 수 없는 것이 인간이다. 하지만 절대자는 우리 삶을 다 주관하시고 있다. 우리 인간을 필요 중심에 따라 이끌어 가고 있다는 것이다. 그렇기 때문에 참된 삶을 위해서 선하고 의로운 생활을 해야 한다. 언제나 청정한 마음으로 세상의 근본을 지키며, 사랑으로 세상과 소통하는 삶으로 행복해져야 할 것이다.

2) 나의 영혼 찾는 명상

  그리스도인들은 하나님께로부터 거룩해지고 당신을 알고 사랑하고 섬기도록 불리었다. 그러나 너무 많은 그리스도인들이 그들이 받은 불림의 엄청난 존귀로움을 잘 모르고 있다. 너무도 많은 그리스도인들이 하나님께서 그리스도인다운 완성된 삶을 위하여 마련해 주신 가능성은 알고 있지만 그분을 알고 사랑함에서 누릴 기쁨을 위한 가능성이 얼마나 되는지를 깨닫지 못하고 있다.

  너무도 많은 그리스도인들이 그들에게 쏟아지는 하나님의 끝없는 사랑에 대하여, 그리고 그들을 이롭게 하며 그들에게 복을 더해 주시는 그 사랑의 힘에 대하여 실제로 들을 생각조차 전혀 없다. 무슨 까닭으로 우리는 명상이라는 선물을 받는 것일까? 명상은 신비로운 기도를 소수 계층의 거의 비자연적이다 시피한 사람들에게나 돌려져 있고, 주부적(注賦的) 명상, 그 밖의 다른 모든 사람들에게는 금지되어 있는 것으로 생각하고 있다. 이 모든 것을 본질적으로 이상스럽고 신비스런 어떤 것으로 생각하는 것일까? 그것은 아마도 우리가, 명상이란 것이 그분의 지혜와 깨달음의 선물을 통하여 그분에 대한 우리의 사랑을 각별한 배려로써 길러 주시고 완성시키시는 것이다.

이런 선물들을 그리스도인으로서의 성성(聖性)에 이르기 위하여 갖추어야 할 일반적인 장비 중의 한 부분이다. 그것들은 세례 때에 모든 이에게 주어졌는데 그렇게 주어진 것은 하나님께서 그 선물들이 더욱 크게 자라게 되기를 바라시기 때문일 것으로 생각된다. 그것들의 성장은 언제나 하나님께로부터 받는 무상의 선물에 지나지 않으며 그분의 지혜로운 섭리가 다른 사람들에게서보다 성인들에게서 그것들이 덜 자라도록 마음 쓰신다는 것은 정말이다. 그러나 하나님께서는 흔히 그분의 선물들을 받으려는 우리의 열망과 그분의 은총에 대한 우리의 협력에 따라서 그 선물들을 헤아려 주신다는 것이다.

신비적 명상은 명상 중에 반드시 지속적으로 불가사의한 현상 -탈혼 상태, 황홀경, 성흔(聖痕)- 등을 초래한다고 생각하는 것은 크게 잘못된 일일 것이다. 이런 성상들은 전혀 다른 사물의 질서에 속한다. 그것들은 '카리스마적' 선물, 하나님께 거저 받은 선물이며 그런 현상들이 곧바로 그것을 체험한 사람의 성화(聖化)에 이어지는 것은 아니다. 반면에 주부적 명상은 성화의 강력한 수단이다. 그것은 사랑의 행업이며, 하나님께 대한 우리의 사랑을 기르는 데 이보다 더 나은 것은 아무 것도 없다. 실제로 주부적 명상은 하나님께서 영혼에 베푸시는 위대한 선물인 당신의 순수하고 완전한 사랑과 친밀히 연결되어 있다. 그것은 사랑의 일치에 의해 하나님을 대상으로 하여 이르게 되는 깊고도 친밀한 인식이다. －그러한 선물을 받지 못한 사람들이 마침내 하늘에 들기 전까지는 결코 깨닫지 못할 터이나 우리는 그 일치 안에서 그분에 대한 일들을 배우게 되는 것이다－

그러므로 만일 누군가가 "누가 이런 선물을 받고 싶어 기도하는가?"하고 물을 것 같으면 답은 분명하다. 모든 사람은 딱 한 가지 조건이 있다. 즉 만일 그대가 하나님과의 친밀한 일치를 갈망한다면 그대는 그에 맞는 대가를 기꺼이 치르지 않으면 안 되는 것이다. 분명한 사실은 의도적으로 하나님으로부터 멀리 떨어져 있는 사람들, 자신들의 내적 생활을 고작 판에 박은 듯 습관적으로 베푸는 동정, 그리고 고작 의무적인 일로 행해지는 종교 예식 같은 외적으로 드러나는 일을 하는 데 그치는 그런 사람들에게는 명상은 선물로 주어지지 않으리라는 것이다. 그와 같은 사람들은 죄를 짓지 않으려고 주의를 기울인다. 그들은 하나님을 스승으로서

존경한다. 그러나 그들의 마음은 그분에게 속해 있지가 않다. 그들이 하늘나라를 잃고 지옥으로 떨어지지 않기 위한 것에 집중할 뿐이다. 실상 있는 대로 말하자면 그들의 정신과 마음은 그들 자신의 열망, 그리고 문제꺼리, 안락, 즐거움과 그들의 모든 세상관심 꺼리들, 그리고 불안과 두려움으로 꽉 차 있다. 하나님은 오직 어려움들을 쉽게 풀어 주고 상급을 나누어 주기를 바라는 뜻에서나 이 특권 사회 안으로 들어오시도록 초대될 따름이다.

명상은 사람이 세상에 속해 있는 정도에 따라서 그에게 거부당할 것이다. '세상'이라는 표현은 이 세상의 사(事)와 물(物)들을 사랑하는 사람들을 의미한다. 명상의 기쁨에 대해 무언가 발견해낼 수 있는 유일한 길은 체험이다. 명상 기도를 할 때 훌륭한 지도, 훌륭한 가르침을 받는 것은 아주 중요하다. 결국 우리는 사랑을 통해서 하나라는 사실을 깨닫는 것이 매우 중요하다. 너와 나는 둘이 아니요 '하나'라는 진리를 깨달아야 하는 것이다. 우리는 스스로의 기쁨을 찾고, 초자연적인 열망을 갖기보다 육신의 향락과 세상적 부(富)를 더 추구해 가고 있다. 이러한 비뚤어진 정신과 가치관은 하나님과의 관계까지 그릇되게 오염시키고 있다. 따라서 오늘날 우리에게 시급한 일은 우리의 수많은 활동이 풍요로운 결실을 거둘 수 있도록 기도와 묵상 그리고 명상 안에서 살아가는 노력이 필요하다.

 이와 같이 하나님은 믿음으로 하나님과 소통하는 한 방편으로 명상의 방법을 허용하고 있다는 것이다. 하나님과의 소통은 나를 버리고 죄를 회개하고 참 진리를 알고자 노력하는 가운데 하나님과 교제하기 위해 명상하는 것이다. 명상 안에 살 때 우리는 참으로 적나라하게 노출된 자신을 보고 상대방을 발견하게 된다. 명상으로 거룩한 사람으로 거듭나야 할 것이다. 거룩한 사람은 끊임없이 '회개'하는 사람이며, 꾸준히 자신을 '정화'시키는 사람이다.

3) 가치관의 혼돈

 오늘 나는 나를 되돌아보고 있다. 내가 사는 사회는 어떠한가? 나는 왜 이글을 쓰고 있는가? 내가 살아온 과정이 나의 문제와 더불어 우리들의 삶속에 여러 많은 문제들이 비슷한 형태로 나타나고 있기 때문이다. 이를 극복하고 건강하고 행복한 삶을 위해서는 자신을 되돌아보면서 회개하고, 거듭 나는 노력이 필요하기 때문이다. 필요 중심의 작은 방법으로 건강한 삶으로 행복하고 복된 삶이되기를 바라는 마음이다.

  우리 사회는 산업화 민주화를 이룬 몇 안 되는 경이적인 나라이다. 하지만 21세기 우리 사회는 가치관의 상실 등 혼돈의 사회가 되고 말았다. 우리 자신도 무엇을 위해 사는지를 모르고 있다. 개개인의 삶의 목표가 뚜렷하지 않고, 가치관이 뚜렷하지 않으므로 인해 서로간의 이유 없는 충돌은 난무하고 있는 실정이다. 심지어는 묻지 마 식 범죄가 횡행하고 있는 실정이다. 특히 물질적 풍요는 누리고 있지만 상대적 박탈감으로 혼란을 겪고 있다. 이를 치유하고 보듬는 시스템은 없고 마구잡이식 통제와 비난만 난무하고 있다. 이러한 문제는 모두 우리 사회가 양산한 것이다. 미처 새로운 변화에 적응할 수 있는 사회적 노력도 없이 21세기 지식정보사회를 맞았다. 21세기는 디지털 혁명이 주도하면서 1등만이 살아남는 세상이 되었다. 어떤 분야에서 1등을 못하면 다른 분야를 개척하여 이룰 수 있는 것이 디지털혁명의 장점이다. 그러나 이러한 새로운 분야를 개척할 사회적 분위기의 상실과 낙오자로 지탄만 하고 있는 사회가 되었다. 또한 무한 경쟁에서 이기기 위해 창의적 아이디어만 요구하고 인간의 삶에 대한 가치를 망각하는 사회가 되었다. 진정한 인간다운 삶은 무엇인가에 대한 사회적 인식의 확산이나 노력은 거의 없다. 무한경쟁 속에서도 공유가치가 필요하고, 이러한 가치 인식을 위한 사회적 노력과 합의를 이루어 나가야 할 시점인 것이다.

하지만 우리 사회는 어떠한가? 승자독식의 사회 1등만이 생존할 수 있는 사회로 변모하고 있다. 정치권은 이러한 사회의 변화를 합리적이고 능동적으로 이끌지 못하고 있다. 서로의 이권과 생존을 위한 사분오열로 나뉘고 서로 끝없는 투쟁만을 일삼고 있는 실정이다. 정권 창출을 위해서는 수단과 방법을 가리지 않고 있으며, 이합집산은 명분도 없이 이권과 생존을 위해 끝없이 이어지고 있다. 이제까지 여당에서 중진으로 잘 지내던 사람이 어느 날 갑자기 야당의 공천을 받고, 야당의 중진이 여당의 공천을 받고 하는 등 정치적 이념이나 철학도 없는 세상이 되고 말았다. 한 마디로 아노미 현상이다. 혼돈과 무질서가 난무하는 상황에서 우리 일반 국민은 무엇을 바라보겠는가? 단지 내가 살기 위해 남은 어떻게 되어도 어쩔 수 없다는 인식이 팽배할 수밖에 없다. 이러한 세상 물정이 온갖 범죄를 양산하고 있다는 것이다.

가치관의 혼돈 2014.09.16. 15:29
-조선일보 김대중 칼럼-

　지금 우리는 심각한 가치관의 혼돈에 빠져 있다.
　어느 것이 옳고 그른지, 어느 쪽이 바른길인지의 판단 문제는 고사하고 상호 모순되는, 때로는 정반대의 가치관이 한 몸에 공존하는 어지러운 상황이다.
　민주주의를 자랑하면서 '세월호'에 묶여 5개월을 허송하는 정치, 성장과 복지 사이에서 하루걸러 왔다 갔다 하는 경제, 한류를 자랑하면서 국제적 무례를 서슴지 않는 문화, 세계의 기아와 폭정에 눈물 흘리면서 북한 땅의 굶주림과 인권에는 눈감은 의식구조 속에서 우리는 '우리'를 잃어버렸다.
　우리는 '나라'를 우습게 여기면서도 나라가 모든 것을 다 해결해줄 것을 요구한다. 나라나 정부를 걸핏하면 '개판'을 만들면서 툭하면 "이것 해내라, 저것 해내라"라고 한다. 모든 것이 나라 책임이고 정부 탓이고 대통령 잘못이라면서 자신들은 정작 나라의 무거움과 대통령 자리의 엄중함을 조금도 인정하지 않는다.
　우리는 걸핏하면 민주주의나 의회주의를 내세우면서 민주주의의 기본 룰 중 하나인 타협과 양보, 다수에의 승복을 아랑곳하지 않는다. 국회가 그 모양이니 지킬 국민이 있을까 싶다.

법질서와 시민의식을 부르짖으면서 광장을 이용하는 규칙 따위는 깡그리 무시한다. '세월호'라는 마패만 있으면 대한민국의 어느 법도 무시할 수 있다는 발상이다. 남의 교통규칙을 안 지킨다고 시도 때도 없이 경적을 울려대면서 정작 자기는 차선을 위반하고 신호를 무시하고 담배꽁초를 버린다.

민주주의에서 총의에 의한 것이면 만사형통이라는 인식은 과연 어디서 생겨난 것일까? 개인의 의사를 개별적으로 물어보면 '배가 바다로 가는 것'이 맞는데 이상하게 총의에 부쳐지면 '배가 산으로 가는 것'이 요즘의 대한민국식 민주주의다. 자기 생각은 다른데 공개적 토의에서는 다수에, '큰 목소리'에 이끌려 자기 생각을 접는다. 정당의 의원총회, 유족 또는 유사한 시민단체의 총의는 항상 이렇게 구성원의 견해와 상관없이 강경하게 흘러가고 있다.

최근 기사에서는 여름 영어캠프에 참석하기 위해 미국 워싱턴공항에 도착한 한국 초등생 100여 명과 그 부모들이 입국 심사대에서 당당하게(?) 새치기를 하는 낯 뜨거운 장면을 목격한 글이 실렸다.

불과 20년 전만 해도 말도 안통하고 규칙도 잘 몰라 외국인들 앞에서 쭈뼛 쭈뼛 하며 주눅 들어 하던 한국인들을 그 빠른 시간에 이처럼 안하무인격으로 변모시킨 요인은 무엇인가? 그런 새치기 현상은 외국에서만이 아니라 우리의 거리에서, 학교에서, 직장에서, 심지어 공권력과 정치권의 영역에서 더욱 활발하고 두드러지게 나타나고 있다. 그것은 자신감도, 당당함도 아니고 스스로의 왜소함을 감추려는 일종의 허위의식일 수 있다.

청소년의 담배 피우기 등 일탈 행동을 나무라다가 목숨을 잃은 어른의 이야기는 더 이상 거론하기도 무섭다. 지하철 안에서 남녀 간의 외설적인 행동은 다반사고, 이제 그것이 보기 역겨우면 우리가 피해야한다. 교사가 매 맞고, 상사가 테러당하고, 연애 막는다고 상대방 부모를 죽이기까지 하는 세태는 지금 우리 정치권과 사회 주변에서 일어나는 공권력의 함몰과 결코 무관하지 않다.

물론 교사가 학생을 매질하고, 군 동료가 죽을 만큼 가혹 행위하고, 공권력이 부패해서 권위가 몰수당하는 이 사회의 변폐들도 문제다. 정치권이 표에 눈이 어두워 온갖 아양은 다 떨어놓고 돌아서서 오리발 내미는 풍토가 우리 사회의 불합리와 허위의식을 증폭시키는 것도 사실이다.

나라가 모든 것을 다 해줄 것처럼 호들갑을 떤 것도 사실이다. 대통령이 감정 또는 이해득실에 이끌려 필요 이상으로 나서고 관여하는 일종의 포퓰리즘이 상황을 더 꼬이게 만드는 역작용을 했음을 뒤늦게 깨닫고 있겠지만 그것 역시 자업자득이다.

두려운 것은 이런 가치관의 전도랄까 의식의 모순성이 지금 이 나라를 이끌어가는 중심 세력에 만연해 있고, 더 나아가 미래를 책임질 젊은 세대에서 자주 목격된다는 사실이다. 어째서 이런 현상이 생기는가는 전문가들이 분석할 일이지만 교육에 그 원인이 있지 않나 생각한다.

지금 공교육은 입시 교육, 취업 교육에 모든 코드가 맞춰져있다. 공공 의식, 공동체 의식은 뒷전이다. 가정교육이 그 빈자리를 메울 수 있어야 하는데 가정에서의 교육은 어쩌면 공교육보다 더 많이, 더 깊이 '남제치고 나 살기' 재주에 집중해 있는 듯하다.

자기 자식 감싸고 남 따귀 갈기는 것이 '교육'인 줄 안다. 자라나는 세대에 희생. 양보. 인내. 배려. 관용. 타협 등 인간다운 삶의 본질 요소들을 가르치지 않는 나라에 진정한 선진화의 미래를 기대할 수 없다. 거리에서, 직장에서, 조직에서 제대로 된 가정교육을 받았음직한 젊은 층을 찾기 힘든 사회에서 서로 다른 이해관계가 절충되고, 서로 믿고 기다려주는 배려와 관용이 작동하는 정치가 나올 수 없다. 지금 우리의 미래는 회색이다.

누구를 탓하겠느냐마는 나 자신도 뚜렷한 가치관 없이 무비판적으로 생활하여 왔다. 급기야 부정적인 방법으로 소영웅심을 앞세워 여론을 호도하는 일을 벌이고, 결국 이곳에 수용되고 말았다. 이런 행위를 하기 까지 문제인식이 전혀 없었던 것은 아니지만 우리 사회에 만연된 자기 위주의 막무가내식의 인식이 팽배하다 보니, 나 자신도 무감각하게 이런 일을 행하지 않았나 생각한다. 한편으로는 무엇인가 절대적 능력자가 안일한 인식과 의식 없는 행동에 대한 강한 벌을 내렸다고 생각이 들기도 한다. 나 자신도 이러한 무의식적인 행동에 대한 결과에 대한 책임을 지고 참회를 하고 있다. 검찰 수사와 영장, 구속, 기소의 과정에서 온갖 수모와 어려움을 겪는 것은 나 자신이 잘못한 것에 대한 처벌로 생각하고 묵묵히 견디었다.

  이 과정에서 느낀 점은 21세기 사회변화에 대한 국가적 통합과 가치관이나, 무한 경쟁에 따른 새로운 사회에 대한 윤리의식이 형성되지 못한 상태에서 총체적 사회적 위기가 나타나고 있다는 생각을 강하게 갖게 한다. 온갖 시스템의 부재 현상이 나타나고 있다. 과거의 관행에 따른 불필요한 제도, 권위적인 인식에 따른 검찰 수사관행 등이 아직도 존재하는 상황이다. 이제 새로운 패러다임에 맞는 가치관을 형성시켜야 할 것이다. 나는 선민이고 너는 나쁜 타인이라는 생각을 버려야 한다. 우리 모두는 소중한 사회의 일원이고 함께 공존하고 도우며 살아가야 할 소중한 사람들이라는 인식을 해야 할 것이다. 즉 인간 중심의 시스템으로 변화를 해야 하고, 인간 중심의 체계 속에서 서로 공유할 수 있는 가치체계를 만들어 가야 할 것이다. 진정한 국민행복을 위한 사회의식 혁명을 이루어 가야 할 시점이라 여겨진다.

여기 이곳 구치소에 있는 모든 피의자는 이유 없는 구속은 없을 것이다. 하지만 구속과정이나 적용되는 법리에 있어 너무나 작위적이고 허술하기 짝이 없어 보인다. 인간을 구속하는 행위를 하면서 인격에 대한 이해나 어떠한 생각이 없다면 우리사회는 무너지고 말 것이다. 안타까운 점이 한 두 가지가 아니다. 2016년 4월 초 보석으로 출소한 K씨는 무죄를 주장하고 있었다. 하지만 변호사의 요청으로 죄를 인정하고 출소하였다. 잘못된 생각인지는 모르지만 검사와 판사는 악어와 악어새 인가 한쪽은 구속하고 한쪽은 변호를 미끼로 돈을 챙기는 행위를 하고 있다. 법리를 따지거나 문제를 제기하기 보다는 인신 구속을 풀어주는 변호사의 역할이 전부인 것 같다. K씨는 아파트 자치위원장을 맡고 있었다. 부산시 모 아파트 재개발관련 문제로 이곳에 구속되어 2개월 넘게 고생했다. 무엇이 K씨를 이곳까지 오게 한 것인가? 아마도 물질적인 욕심 때문인 것은 분명하다. 자신이 속한 단체와 정보를 이용하여 금전적인 이익을 극대화 하고자 하는 활동을 하다가 소송이 일어나 결국 구속에 이른 것이다. 결국 남보다 많은 이익을 얻기 위해 일한 결과이다. 이 과정에 원칙과 시스템에 입각하지 않고 공유가치의 공정성이 무너진 상황에서 서로 이전투구하다 소송이 일어난 결과이다. 또 다른 KTH는 어떠했는가? 아마도 동거하던 여자의 고발로 구속되어 4개월 넘게 고생하였다. 이 친구는 자신의 생활을 위해 동거녀의 도움을 받았고, 자신도 도움을 주었다고 얘기하고 있다. 아마도 서로 간에 얻고자 하는 것에 차이가 있어 발생한 결과라고 할 수 있다. 모두가 자신의 이익을 우선하고 타인의 입장을 고려하지 않은 결과이다. 인간은 모두 이기적이라고 생각되는 부분이 있다. 하지만 이러한 이기심이 너무 지나치면 서로간의 다툼이 일어난다. 오! 세상에 이런 다툼이 일상화 되어 나타나고 있다. 우리사회의 병폐가 이곳 구치소에 그대로 투영되어 보여 지고 있다. 무한경쟁만 야기시키는 사회적 분위기를 바꾸어야 한다. 모두가 하나라는 인식 너와 나의 삶이 모두 소중하다는 생각의 변화를 일으키는 사회운동, 아니 사회가치관의 혁명을 하여야 할 지경이다.

2016.04.23.
-조선일보 26면 송희영 칼럼-

'진짜 보수, 가짜보수'에서 우리 보수는 차갑기 그지없다. 이번 정권의 어느 장관이 뱉은 말도 지워지지 않는다. "회의 분위기는 언제나 엄숙합니다. 장엄 미사처럼 거룩하고 경건하죠." 농담도 거의 없다. 권력 핵심들은 허리띠를 풀어헤친 술좌석도 갖지 않는다. 기계적인 법치는 입에 달고 산다. 엄숙, 경건한 압박감은 국민에게 그대로 전달된다. 별것 아닌 풍자 예술이나 보도가 심각한 검찰 수사로 번진다. 용서가 없고 너그러움은 박하다. 보수가 진보 좌파와 다른 것은 아량과 포용, 관용이다. 인간은 불완전한 허점투성이 생물체여서 실수나 일탈이 있을 수밖에 없다. 그러니 서로 너그럽게 감싸 안고 가야 한다고 믿는 게 보수 철학의 핵심이다.

위의 칼럼에서 보았듯이 우리 지난 정부는 진나라 상앙과 같이 법치에 매몰되어 국민의 화합과 포용은 멀어지고 있다. 이곳 구치소에서 법치로 피해를 입고 있는 국민의 아우성을 보았는지 알 수 없다. 법대로 행한 법치가 한마디로 국민의 생업은 무너지고 온 가족이 도탄에 빠져 허우적거린다는 것을 알아야 할 것이다. 아량과 포용, 관용이 있었다면 한 가족의 아버지, 아들로서 집안의 안녕을 지키며 살아가는 사람들이 하루아침에 구속되는 결과가 어떤 결과를 초래할 것인가를 알고 구속만을 일삼는지 묻고 싶다. 구속만이 능사는 아닐진대 일단 구속하고 나면, 변호사 선임 등 이루 말할 수 없는 문제들이 발생하게 된다. 지금의 변호사 전관예우 문제가 왜 생겼겠는가? 불구속으로도 얼마든지 문제를 해결할 수 있는 것을 구속하여 수사를 한다면 결국 검사와 변호사의 악어와 악어새 상황을 만들 뿐이다. 한순간의 잘못인 경범죄를 구속으로만 해결하고자 한다면, 가정은 풍비박산 나게 될 것이다. 국민은 이 정권을 최선책으로 선택한 것이 아니라 차선책으로 선택한 것이다. 절대 권력을 준 것이 아니라는 것이다. 그럼에도 불구하고 자신은 마치 완벽한 존재인 양 그 권력을 휘둘러된다면 국민은 아우성을 치고 급기야는 분노할 것이다.

국민에게 전 정권은 창조적 경제, 현 정권은 적폐청산을 외치고 있지만 국정의 중심에 공무원 중심, 검찰을 앞세운 공안 정국으로 어떤 창조를 이루고, 적폐를 청산할 수 있는지 궁금할 뿐이다. 지지난 정부 시절 녹색환경을 강조하다가 이제 창조, 공정을 강조하고 있다. 정책의 일관성도 떨어지고 창조와 공정의 기본적 개념도 모호한 정책을 언제까지 외칠 수 있는가 의문이다. 정권이 끝나면 사라지는 정책을 더 이상 밀어 붙이기보다는 국민이 납득할 수 있는 일상 생활정치를 통해 창의적 아이디어를 스스로 발휘하여 미래에 더욱 가치가 있도록 유도 할 필요가 있을 것이다. 또 한 사례는 전두한 정권시절 국풍운동이 어떠한 결과로 마무리 되었는지 새삼 떠올리게 된다. 요즘 얘기하고 있는 문화융성과 비슷한 면이 있다. 국풍을 통해 문화 활성화를 정부, 관에서 주도하고자 했으나 실상은 실패하고 말았다. 전두환 정권 시절 경제는 돌아가는 듯했으나 문화영역은 정체되고 정형화 되어 창의적 문화 발전은 오히려 말살되는 꼴이었다. 현 정부의 정의로운 나라의 공정은 어떠한가? 국민은 경제 때문에 아우성이다. 심지어 문화융성을 외쳤으나 어떻게 되었는가? 문화적 아이디어는 관에서 주도한다고 생기는 것이 아니다. 문화는 자생적으로 창의성을 가지고 생성할 수 있도록 규제를 철폐하는 노력을 관에서 해 주어야 할 것이다. 앞으로의 시대적 조류는 창조적 지성과 다양한 문화가 공존하는 사회로 나아가야 할 것이다. 이렇게 하기 위해서는 특정 권력층에서 자신들의 권력을 유지하기 위해 동맹하는 활동에서 벗어나 자유와 권리가 신장되도록 해야 할 것이다. 법치의 공안 정국으로는 공정은 없고 형식만 있을 뿐이다. 참된 창조가 국민으로부터 외면을 받고 있다. 진정 정의로운 나라 공정한 국가가 되도록 하기 위해서는 자유로운 발상과 자생적으로 생성할 수 있는 창의력이 발휘될 때 가능해 질 수 있다는 것을 명심해야 할 것이다.

나는 이곳 구치소에 왜 왔는가? 이유 없는 결과가 없듯이 인과응보요 사필귀정의 결과이다. 하지만 원인에 따른 결과이지만 원인은 반드시 구치소로 와야 한다는 결과가 있는 것은 아니다. 국민 인권이 갈수록 신장되어지고, 자유로운 활동이 이루어져야 하고 공정이 모두의 공정이 될 때 가능하다는 것이다. 하지만 법치로 통제된 사회구조로는 피의자만 양성되고, 사회는 경직되어 갈 뿐이다. 대한민국은 역사적으로 역동적인 인성을 가지고 활발한 활동이 생존의 원동력이었다. 그러나 현 정부 구조 속에서는 정의와 공정이 모두에게 공평하게 나타날 수 있을 것인가는 의심스럽다. 각자의 자율성을 극대화 시키면서도, 사람들 사이의 네트워크와 조화가 유지되도록 하는 시스템이 필요하다. 다양한 지식과 생각의 합주야말로 세상을 풍성하게 만들 수 있고 정의롭고 공정한 사회를 만들 수 있다.

이곳 구치소에 들어온 원인은 모든 것이 나에게 있다는 것을 알고 있다. 반평생 동안 욕심과 욕망의 집착으로 살아온 것으로 인해 문제가 생겼다는 것을 알고 회개하며 수행하는 심정으로 하루하루를 보내었다. 모든 것을 내려놓고 집착을 버리고 있을 때는 순간적이지만 편안하고 행복감을 느낄 수 있었다. 하지만 그 순간은 잠시이고 또 다시 집착으로 인한 욕망이 나를 괴롭힌다. 집착으로 인해 욕망이 생기면 육신과 정신이 피곤하고 열도 나고 힘들어진다. 또 다시 마음을 다스리고 집착을 버리고자 하면 또 다른 욕망이 나타나 괴롭힌다. 이곳에서 세상사의 문제를 인식하고 느끼는 것 자체가 집착인 것이다. 아무 것도 할 수 없는 상황에 집착 자체도 사치인 것이다. 작은 것부터 내려놓고 자신의 자성을 찾고 본래의 모습을 인식하지 않고, 이것저것 욕망으로 가득 찬 집착을 버리고 지내야만 잘 견디어 갈 수 있다. 진정 모든 것을 버릴 수 있는가? 나 자신에 대한 집착은 버릴 수 있지만, 일상적인 가족들의 문제마저 모른 척 하며 지낼 수 있는가? 모든 것을 버리고 집착에서 벗어 날 수 있는가? 아마도 불가능 할 것이다. 성인군자가 아닌 이상 어려운 것이다. 그렇다면 어떻게 해야 할 것인가? 우리사회의 가치관의 변화

물질보다는 정신적 충족감을 중시하는 사회의 변화가 필요 할 것이다. 일반시민이 살아가는데 문제가 없는 더불어 함께 할 수 있는 세상이 되어야 할 것이다. 그렇게 되자면 균형 잡힌 세상을 만들어 갈 수 있도록 할 필요가 있다. 어떤 사회학자의 말처럼 개미의 일상을 관찰하다 보니 15%가 놀고 있었다고 한다. 이들 15%를 제거하니 또 다시 15%가 놀고 있었다고 한다. 우리 사회도 부분적으로는 긍정적인 요소와 그렇지 않은 부분 간의 균형을 인정하여야 한다. 이들 모두 함께 살아가야 하는 공동체로 인식하고 보듬는 사회적 노력이 우선되어야 할 것이다. 요즘 일하고 싶어도 일하지 못하는 사람들이 많다. 서로 양보하고 함께 일하며 공동의 생존을 위한 시스템의 변화가 필요하다. 공동의 가치를 이끌어갈 수 있는 이념과 철학이 필요하다. 공유가치와 공존을 위한 삶의 지혜가 필요한 시점이다.

서로간의 공존은 인간의 기본적 생존권을 실현할 수 있는 가치를 통해서 실현되어야 할 것이다. 현자가 필요한 세상이 아니라 세상사의 이치를 이해하고 변화하는 패러다임을 살피어 시대적 변화에 맞는 사회를 이끌어 가는 정치 지도자가 나타나야 할 것이다. 자신이 완벽하지 않으면서 완벽한 인간을 요구하는 것은 있을 수 없다. 좌우의 균형, 보수와 진보의 균형이 적절히 유지되어야 건강한 사회를 유지할 수 있다. 상대를 존중하고 서로 다른 차이를 인정할 때 가능할 것이다. 나만 옳고 너는 나쁘다는 식의 이분법은 우리사회의 갈등을 끝없이 만들어 종국은 모두가 망하는 꼴을 당할 것이다.

보수와 진보의 문제를 관통하는 가장 큰 근간의 가치는 인권이라고 생각한다. 이번 사건의 수사과정에서 검사의 심문과 피의자들의 애기를 듣고 느낀 점은 지나친 법치가 우리 사회를 해치고 비정상적인 사회로 만들어 간다는 것이다. 누가 말했든가 청정무어라 하지 않았는가? 적절히 혼탁한 가운데 질서를 유지할 수 있는 체계가 필요하고, 서로의 차이를 이해하고 배려하는 사회가 필요 할 것이다. 지나친 법치는 결국 공권력의 남용을 야기 시키고, 인권을 침해하는 사례를 비일비재하게 발생 시킨다는 것이다. 과거 정권에 비해 수도 없는 구속이 양산되고 있다. 이러한 비용도 무시할 수 없을 것이다. 아마도 경제의 후퇴로 보면 몇 조의 경제적 손실이 양산되고 있는 것이다. 특정 계층의 이익만 조장되고 있다. 전관예우 변호사의 이익을 양산하고 결국 문제시 되어 다시 변호사를 구속해야 하는 악순환이 계속되고 있다. 어떤 사회이던지 법령을 세우면 법령에 따라야 한다. 법은 의로움에서 생기고 의로움은 대중에게 부합하는 바에서 생긴다. 대중에게 부합하는 바가 사람의 마음에 맞으면 이것을 통해 통치가 이루어져야 한다. 이러한 통치를 위해서는 모든 것을 포용하여 겸비하고, 여러 기능을 두루 헤아려 이를 적재적소에 활용하는 지도력을 발휘할 줄 알아야 한다.

무엇이 우리를 이 구치소에 오게 하였는가? 자신의 잘못도 있지만 결국 지나친 법치로 인해 무리하게 구속하여 구치소로 몰고 온 것도 있다는 것이다. 우리 사법제도는 정치권의 눈치를 보는 것이 타성이 되어 있다. 정권의 행태가 어떠한가에 따라 수사관행이 달라지고 있는 것이 현실이다. 정권이 바뀌면 정권의 특성에 따라 정권의 의지에 부합하는 수사가 실적위주로 진행되고 있다. 이곳 구치소는 매일 피의자로 구속된 사람들이 넘쳐난다. 무조건 구속하는지 모르겠지만 매일매일 구속자들이 늘어나고 있다. 우리 사회가 이렇게 범죄자가 많은 나라였던가? 서민의 생업을 생각하여 행하는 불구속관행이 이루어져야 할 것이다. 한 방에 6명이 기본이다. 4명이 적절한 시설에 6명이 생활하고 있다. 아마도 무리한 수사나 실적 위주의 수사관행이 이런 문제를 야기시키고 있는 것 같다. 이곳으로 온 이유는 자신이 원인 제공을 하여 왔다고 하지만 반드시 그간의 사회생활 속에서 나타난 문제점이 많았기에 어떤 절대적 힘에 의해 이곳에 보내어졌다고도 생각한다.

 이러한 상황을 이해하고 스스로 반성하고 참회하는 시간을 가지도록 한 결과라고 여겨진다. 나를 어떤 수행의 길로 안내하기 위해 이와 같은 어려운 길로 인도하였다고 여겨진다. 아마도 절대자의 능력을 보여주시고 내가 해야 할 길을 안내하고 계신 것으로 여겨진다. 이후 자연스럽게 절대자를 찾으며 온갖 교만과 오만에서 벗어나는 노력을 하고 있다. 2016년 3월 15일 구속되고 참기 어려운 고통의 나날이 이어지고 있었지만 절대자를 속으로 갈구하며 의연히 이겨 내었다. 이러한 내 모습을 보고 교도관이나 같은 방 친구들이 참 잘 견디어 내고 있다고 부러워하고 있었다. 이러한 상황으로 볼진대 나 자신이 이곳 생활을 할 것을 예견하시고 절대자께서 나타나시어 어려운 상황을 겪게 하고, 이런 생활을 이겨 내어 참된 삶을 살 수 있도록 준비를 하신 것으로 생각하며 견디며 냈다. 우리 사회는 개인의 문제 이전에 사회적인 가치의 혼돈의 문제도 심각하다. 기본이 바로 서지 못하는 문제가 무엇인가를 다시 한 번 느끼게 되었다. 문제가 생기면 법대로를 외친다.

법으로 세상을 재단하다보면 서민은 더욱 살기가 힘들어 진다. 일반인이 느끼는 법의 한계 속에서 우리는 어떻게 살아야 할 것인가?

4) 법치보다 기본이 필요

  법은 인간의 굴레를 억압하는 도구이지만 우리의 가치나 도덕적인 문제에 대한 틀을 구체적으로 제재하는 수단이다. 하지만 법치는 인격적인 기본보다 형식적인 구성을 강조하다보니 인간의 영성과 영혼의 문제는 등한시 하는 경우가 종종 있다.

  법치를 얘기할 때면 일반적으로 한비자를 많이 떠올린다. 한비자가 법가를 대표하는 인물이기는 하지만, 그가 나오기 이전부터 법가는 존재했었다. 하지만 그것이 세 갈래로 나뉘어져있었고, 그것을 종합하여 체계화시킨 이가 한비자였다. 그 세 가지의 학파는 첫째는 법(法)을 강조한 상앙이고, 둘째는 술(術)을 강조한 신불해였으며, 셋째는 세(勢)를 강조한 신도였다. 상앙이 주장한 '법'은 백성들의 개인적인 이익의 추구를 막고 나라의 이익을 우선하는 원칙을 의미한다. 그리고 신불해의 '술'은 신하들이 내세우는 이론과 비판이 그들의 행동과 일치하게 하는 기술로써, 신하들을 잘 조종해 군주의 자리를 더욱 굳게 하는 인사정책적인 성격을 말한다. 마지막으로 신도의 '세'는 군주만이 가지는 배타적이고 유일한 권세를 말한다.

한비자는 이 세 학파의 주장을 모두 수용해 발전시켰다. 한비자에 의하면, 일찍이 현명한 군주가 제도를 시행할 때는 하늘같이 공평하게 원칙을 지키고, 인물을 가려 뽑을 때는 귀신같이 밝았으므로 그를 비난하거나 곤경에 빠뜨리는 자가 없었다. 그리고 권세를 이용해 법을 엄하게 실시하면 백성들 가운데 군주의 뜻을 거스르는 자가 없었다. 이렇게 세 가지 요소가 갖춰진 뒤에야 비로소 법을 시행할 수 있다는 것이다. 다시 말해서 한비자는 이 가운데 어느 하나만 가지고 통치할 수 있는 것이 아니고, 군주는 반드시 '법', '술', '세'의 세 가지 통치 도구를 모두 갖추고 있어야 한다고 주장했다.

법이란 인간을 구속하며, 강제력이 따르는 것을 말한다. 따라서 법은 통치수단이며 구속의 수단이다. 적어도 국민이 주인이라는 의식이 있기 전까지는 법은 군주를 비롯해 아주 적은 수의 지배계급이 통치를 위해 이용하던 수단에 불과했다. 한비자에게 있어서 법이란 객관성을 갖춘 성문법인 동시에 누구든지 알 수 있는 공표법을 뜻한다. 군주가 공표한 법은 지위의 높낮이에 관계없이 모든 사람들이 따라야 하는 행위준칙이다.

하지만 또한 이 법은 군주의 통치 도구이며 전제법이다. 군주는 법률을 제정하고 법에 따라 신하와 백성을 다스리는 권력을 가지고 있다. 법은 만인에게 두루 적용되지만 군주는 법률의 제재를 받지 않는다. 결국 법은 지배층과 일반 백성 사이의 불평등 관계를 반영하고 있으며, 군주의 지위를 강화시켜 준다. 이렇게 볼 때, 한비자가 주장하는 법이란 표면적으로는 군주와 신하 그리고 백성들이 모두 함께 준수해야만 하는 법칙이지만, 실제로는 군주가 나라를 다스리는 도구에 불과한 법이다. '제왕학'이요, 서양 중세 마키아벨리의 '군주론'과 성격을 같이 한다고 하는 것이다. 한비자의 법의 요점은 '신상필벌'이라고 할 수 있다. 그것은 무엇보다도 당시의 사회적 요구에서 기인한 것이라고 하겠다. 한비자는 전국시대의 국제관계는 철저하게 실력에 의지하는 약육강식의 원칙이 지배하고 있으므로, 나라의 멸망을 피하기 위해서는 부국강병이 가장 중요하다고 보았기 때문이다.

한비자가 법제정에서 가장 중요한 원칙으로 꼽은 여섯

가지는 첫째, 이해득실을 고려하는 공리성이고, 둘째는 시세의 요구에 부응해야 하며, 셋째는 통일성이고, 넷째는 인간의 기본적인 본성과 감정에 들어맞아야 하며, 다섯째는 분명하고 명확해야 하고, 여섯째는 신상필벌이었다. 그는 통치권과 상벌권은 군주가 쥐고 있어야 된다고 생각했는데 법의 권위도 군주의 고유 권한이라고 보았다. 한비자는 그러한 기준으로 인해 군주의 권세가 무엇보다 중요하다고 생각하며 '법', '술', '세'를 내세운 것이다. 서로 상호작용을 하는 효과를 요구하는 것이다. 또한 한비자는 중국의 사상에 있어 많은 기여를 했으며 그 사상적 의의도 남다르다. 먼저 춘추전국시대에 활동한 유가, 묵가, 도가, 명가 등의 제자백가의 학설을 종합해 새로운 정치이론을 제시했다는 점이다. 그의 정치이론은 도덕과 인의를 기반으로 하는 귀족들을 붕괴시키고 강력한 중앙 집권 체제의 건설을 가속화해 중국 역사에 일대 변화를 가져오게 했다. 이것은 훗날 청나라에 이르는 모든 봉건시대에 있어 정치사상의 밑바닥에 까지 큰 영향을 주었다.

  인간은 법으로만 생활할 수는 없는 동물이다. 한비자의 법이란 군주를 위한 것이지 백성을 위한 것이 아니다. 따라서 법은 군주의 힘을 더욱더 막강하게 만들었으며, 백성들의 억눌림은 더욱 증폭되어 갔다. 그리고 한비자의 '성악설'론은 순자의 그것보다도 훨씬 비정한 인간관이다. 철저하게 인간을 불신하는 것이다. 사실 한비자의 말처럼 인간에게는 악한 면이 있다. 하지만 반드시 그런 것은 아니다. 때로는 지극히 선하기도 하다. 그래서 서로 의지하며 어려운 상황을 극복하고 살아가기도 한다. 한비자의 인간관은 인간성 상실을 가져올 수도 있다. 지나치리만큼 과격하고도 편협한 주장을 펼친 것이다.

'유가'니 '도가'니 하는 사상들은 사실 '희소성'이 부족하기도 하고 또한 개인적으로 '법가'의 체계적 통치가 필요하다고 생각하기에 한비자도 좋아하기는 하지만, 역시나 현대사회와는 부합되는 면이 크다고는 할 수가 없다. 하지만 또한 법치사회를 살아가는 우리가 법을 어떻게 받아들일 것인가? 하는 생각은 비록 2000년도 더 전의 일이지만 함께 생각해볼 수 있지는 않을까한다.

삶의 활력은 희망이 있을 때 나타난다. 희망은 절망 속에서도 피어나는 한 줄기 빛과 같은 것이다. 온갖 번뇌를 내려놓고 집착을 버리고 무위, 무상의 경지에 이르는 것도 필요하지만, 희망의 빛을 밝힐 수 있는 순간이 중요할 것이다. 이번 사건의 발단의 과정에 변호사의 역할은 어떠했는가? 나의 경우 오랜 인연으로 잘 알고 지내던 L변호사에게 부탁을 하였다. 수임비용과 성공보수까지 계약하고 변호를 부탁하였다. 처음에는 벌금으로 처리될 수 있다고 하더니 차츰 얼버무린다. 검사의 수사과정에 L변호사는 이번 사건이 점점 심각하다고 얘기하며 법리적인 대응을 잘 해주지 못하였다. 하지만 사무장은 수사과정에 문제가 있고 법리도 적용하는데 문제가 있는 것을 지적하였다. 그러나 변호사는 법리보다는 그 동안의 관행으로 적절히 인정하고 벌금을 받을 수 있을지 보자는 눈치였다. 그러나 법리를 따져서 문제가 있으면 바로잡아야지 하는 생각으로 변호사 의견서를 제출하기로 하였다. 우선 공직선거법 96조 1항의 경우 여론조사결과를 왜곡 조작한 것이 아니라 여론조사를 하지 않고 보고서를 작성하였기에 법리 적용을 할 수 없다고 주장하였다. 97조의 금전제공과 관련하여서는 문제 제기도 하지 못하였다. 실제로는 사전준비 작업이고, 당내경선이기에 선거운동이 아니라는 대법원 판례도 있는데도 불구하고 이를 살피지도 못하고 있었다.

  결국 3월 15일 구속영장 실질 심사를 받고 구속에 이르렀다. 검사는 또 다른 판례를 들어 반론을 제기하였으나 변호사는 이에 대응도 하지 못했다. 우리가 변호사의 조력을 어떻게 받고 있는가를 여실히 실감하는 대목이었다. 구속되고부터 변호사의 역할에 의구심을 느끼게 되었다. 결국 1심 심리와 구형에 응대하기 위해 새로운 변호사를 선임하지 않으면 안 되었고, 일명 전관예우가 가능한 변호사를 선임하였다. 새 변호사는 검사경험과 판사경험이 있는 변호사로 최근 판사에서 물러난 분이었다. 이 변호사도 법리의 문제보다는 우선 인신구속을 벗어나는 전략을 구사하겠다고 검사 기소내용을 인정하자는 것이었다. 난 그렇게 하지 못한다고 하였으나 풀려나자면 그렇게 해야 한다고 하여 이 구치소를 벗어나기 위해서는 따를 수밖에 없었다.

  변호사의 유형은 크게 두 유형으로 나뉘는 것 같다. 첫째는 법리를 다투어 보자는 변호사가 있고, 둘째는 검사의 기소내용을 인정하고 몸이 풀려나게 하자는 유형이 있다. 나의 경우는 이곳 구치소를 벗어나자는 변호사의 전략에 따라 검사의 기소를 인정하였다. 결국 1심 구형은 2년 6월이고 보석은 허가되지 않았고, 4월 29일 10시 선고가 잡히었다. 4월 29일 10시 선고에서 판사의 간단한 심리를 마치고 선고를 하였다. 판결은 불리한 점 유리한 점을 논하고 징역 1년에 집행유예 2년을 선고하였다. 몸은 풀려났지만 형이 확정되면 온갖 제약을 받을 수밖에 없는 상황이었다. 고심하여 5월 4일 항소를 하였다. 항소 후 항소이유서를 제출하고 6월 20일 1차 심리를 하고 7월 20일 선고가 잡히었다. 그러나 항소 선고날도 판사의 재량으로 8월 17일로 다시 연기되었다.

법대로 사회는 결국 경직된 사회를 만들고 있다. 기원 전 춘추전국시대 상앙의 말로도 법치의 한계를 넘지 못하는 경직된 사회 법제도 때문에 자신도 벗어나지 못하고 죽음을 당하고 말았다.

상앙은 법가의 계통을 잇는 중국 전국시대의 정치가이다. 위(衛)나라 왕의 서자로 태어났으나 위나라에서는 자신의 이상을 펼칠 수 없음을 알고, 위(魏)나라로 건너가 공숙좌의 가신이 되었다. 그러나 이곳에서도 등용되지 않자, 다시 진(秦)나라로 건너가 진나라에서 등용되었다. 관중의 사상에 입각하여 준법정신을 강조했던 그는 진나라 왕 효공의 신임을 받아 법령과 제도를 개혁하고 부국강병을 꾀했다. 지나친 법령 지상주의를 주장하여 많은 적을 만들었고, 결국 자신이 만든 법에 목숨을 잃었다.

우리 사회를 건강하게 유지하기 위해서는 각자의 영역에서 본분과 역할을 제대로 할 때 그 사회는 안정되게 유지 되는 것이다. 하지만 우리사회는 급속한 성장과정에서 나타난 여러 가지 불균형 등의 문제 해결을 위해 고쳐야 할 과제가 많은 것은 사실이다. 뿐만 아니라 성장과정에 불이익을 당한 측과 갈등은 첨예하게 대립하고 있는 양상이다. 역대 정부는 산업화, 민주화 과정에 나타난 갈등의 문제를 해결하기 위해 각자의 이념적 법대로의 정책을 밀고 나가고 있다. 하지만 상대적으로 박탈감을 느끼며 물질적 충족을 요구하는 측과 적당주의와 금전만능을 추구한 측에 대한 법대로는 우리 사회를 또 다른 갈등으로 몰고 갈 것이다. 이 시대에 필요한 것은 사회적 합의를 통한 통섭의 지혜를 모아 나가야 하는 시점이다.

법대로는 법집행 과정에 소수의 집행자에 의해 휘두르는 권력에 인권이 침해 될 가능성이 높다. 죄를 지으면 벌을 받아야 한다. 죄의 벌은 법의 범위에서 법 집행이 되어야 한다. 하지만 법 대로를 강조하면 법은 없고 권력의 하수인들이 휘두르는 권력에 인권은 침해되고 수많은 문제를 야기할 것이다. 법대로는 우리사회를 건강하게 할 것 같지만 실제로는 사회의 구조와 네트워

크를 무너뜨리는 결과를 가져 온다는 것이다. 법대로 집행하지 말자는 것이 아니다. 법 앞에 평등하고 균형 잡힌 법 집행을 위해 인권을 우선하는 법의 잣대를 두어야 한다는 것이다.

  이곳 구치소에서 느끼는 것은 두 가지가 있다. 죄를 지은 사람에게는 적합하고, 공정한 법 집행이 이루어져야 한다. 법 대로를 강조하다보니 과도하게 적용하는 사례가 있다는 것이다. 또 한 가지는 수사관이나 검사 모두 한 건주의 실적을 위해 무리한 법 집행을 하고 있다는 것이다. 판사는 법 대로를 적용하기 보다는 정국의 분위기를 살펴 판결하고 있다는 것이다. 이런 생각이 나 혼자만의 느낌인가하고 의문을 가져 보지만 이곳의 피의자 분위기가 모두 그렇게 느끼고 있다. 상당한 부분이 법정주의 보다는 여론에 의한 재판이 많이 진행되고 있다는 것이다. 법대로 외치는 정치권이 더 문제를 양산하고 있다. 우리사회는 법대로의 문제를 심각하게 생각할 필요가 있다. 법을 얼마나 공정하게 적용할 수 있는지를 살펴보고 법 대로를 외쳐야 할 것이다. 법을 집행하는 검사, 판결하는 판사의 의식을 잘 살펴야 한다. 법대로는 검사와 판사, 변호사 등 법의 언저리에 있는 특정 계층을 살판나게 하는 꼴이 될 수 있기 때문이다.

우리가 살고 있는 공간인 사회가 활기차고 건강하게 살기 위해서는 어떠해야 하는가? 이러한 의문을 이 좁은 공간 2.3평의 세상에서 더 절실하게 생각하게 한다. 이 구치소에 온 것은 다 이유가 있다. 종합해 보면 공통적으로 개개인의 욕망과 욕구충족을 위해 달려 간 것, 남보다 편하게 살고자 한 욕망에서 비롯되었다고 생각한다. 물론 개인의 사적인 문제도 있지만, 우리사회의 전반적인 풍조가 이렇게 만들고 있다는 것이다. 이 욕망이 과하게 되면 벌을 받을 수밖에 없는 것이다. 이러한 국민의 무한 경쟁과 욕구는 어디에서 기인하고 있을까? 정치가 정치답게 잘되지 않은 상황도 상당한 이유가 있어 보인다.

　정치권은 국민이 편안하고 행복한 삶을 살 수 있도록 하는 것이 가장 중요한 요체라고 생각한다. 하지만 정부나 정치권은 국민은 없고 자신들의 권력을 유지하고자 수단과 방법을 가리지 않고 싸우고 있다. 진정 국민을 위한 국가, 정부, 정치는 어떠해야 하는가? 정치는 공평하고 공정한 법의 운영이 가능한 정부를 구성할 수 있도록 해야 한다. 정치는 아집이 아니다. 갈등을 치유하고 평등하게, 균형감을 가지고 공정한 규칙이 적용될 수 있도록 조정해 나가야 하는 것이다. 앞으로 우리 사회는 어떻게 방향을 잡아 나가야 건전하고 건강한 나라가 될 것인가? 누구나 안정된 경제활동이 가능하고, 빈부격차의 상대적 박탈감을 뛰어 넘어 최소한의 인간다운 생활이 가능한 사회를 만들어 나가야 할 것이다. 법보다는 인간의 삶의 기본인 인권을 중시하는 법 행정이 이루어지는 사회가 되어야 할 것이다. 이제 무한경쟁을 위해 앞만 보고 달려가는 사회가 아닌 함께 더불어 살아가는 건강한 사회를 기대 해 보고자 한다. 무릇 지도자는 무위하면서도 지키는 바가 있고, 작위 하더라도 사적인 선호가 없어야 하는 것이다. 몸을 바르게 하고, 행동을 곧게 하므로 모든 사악함이 저절로 사라지도록 해야 한다. 나 자신을 반성하면서 나에게 구치소 행이 왜 일어났는지 이로 인해 나는 무엇을 느끼었는지 등 과정을 정리해 보고, 진정 나를 찾아 새롭게 살아가는 길이 무엇인지를 찾고자 한다.

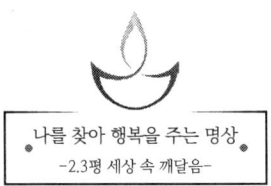

2. 회한과 반성

1) 죄와 벌

〈단절의 상징 : 교도소 담장〉

우리가 살아가면서 어떤 어려움을 겪을 수 있을 지 알 수는 없다. 하지만 자신이 실수를 하든지 아니면 순간의 악한 마음으로 잘못을 저지르는 경우가 생길 수 있다. 이 때 당황하거나 절망하는 경우가 많을 것이다. 잘못은 경중을 따져 벌을 받으면 된다. 당당히 잘못에 대해 뉘우칠 수 있는 마음가짐이 필요할 것이다. 그러나 대부분은 변명과 회피로 순간을 모면하고자 하는 행동이 일반적인 사례이다. 우리사회에서 일반인은 법제도에 대해 잘 알지 못한다. 정말 평범한 범부는 법 없이 잘 살아가고 있다. 법은 법을 필요로 하는 부류가 있다. 법을 무시하거나 법을 악용하는 대상들에게는 엄격하게 법을 적용해야 할 것이다.

잘못을 하고 구속이 되거나 하면 그동안 멀리 불구경 하듯이 바라보았던 법적 문제에 대해 심각하게 접근해 보지만 무지한 자신을 알고는 한탄하기 마련이다.

우선 나의 상황부터 정리해 보고자 한다. 2016년 1월 12일 여론조사보고서(나 자신이 창작하여 정리 실제 조사하지 않음)를 부산의 언론사 3곳에 매일로 참고하라는 메시지로 전달하였다. 모 통신사에서 1월 14일 포털에 보도하여 부산시선거관리위원회에서 조사를 받고, 2월 14일 검찰에 고발되었다.

우리 검찰의 수사과정에 어떤 문제가 발생할 수 있는지를 철저히 실감하였다. 21세기를 지식정보사회라고 일컫는 시점에 인권을 보호해야 할 곳이 인권 사각지대라는 것을 알 수 있었다. 왜 이런 문제가 발생하는가? 정치권의 영향이 크다는 것을 새삼 느끼는 것은 그리 오래 걸리지 않았다.

공안 검사의 수사는 집요하고 어처구니가 없었다. 수사는 너무 엉성하게 진행하면서 수사의 방향을 정해두고 모든 증거를 맞춰나가고 있었다. 심지어는 협박과 회유가 자행되었다. 내가 대학 선생으로 수사를 받고 있는 상황인데도 이러할진대 다른 사람들에게는 어떻게 할까 하는 의구심이 들 정도였다.

나의 경우 여론조사결과 조작에 대한 공표에 대한 사안에 대해 모두 자백하고 정리된 상황에서 검사는 자신이 필요한 수사를 위해 새로운 수사가 진행되고 있었다. 자신이 원하는 수사가 진행되지 않으니 협박이 시작되었다. 한 10년 감옥살이 시킬 수 있으니 시인하라는 것이다. 그러다 여의치 않으면 회유를 하였다. 선거캠프 수사에 협조하면 묻어서 가면 된다는 것이다. 난 도대체 무슨 얘기인지 알 수가 없었다.

마치 사건의 실체를 침소봉대 하면서 논리의 비약을

통해 이 사건 범죄가 대의민주주의의 근간을 흔드는 중대한 범죄인 것으로 몰아가기 위한 검찰의 독자적인 견해로 틀을 만들어 몰아가는 수사를 하고 있었다. 선거 캠프 관련 얘기를 자세히 해주면 선처를 할 수 있다는 요지를 말하며, 구치소로 돌려보내며 남기는 말이 구치소로 돌아가서 구치소 방 동료들과 의논해 연락하라는 것이다. 난 이해 할 수 없었다. 하지만 알았다고 하고 구치소로 돌아와 생각해 보고 의논을 해 보니 검사와 협상을 해야 한다는 것이다. 공안검사는 한 건을 해야 승진이 보장된다는 것이다. 그리고 정부는 검찰을 통해 사회질서와 공안정국을 조성해야 원하는 정책 방향을 이끌고 정국주도권을 행사 할 수 있다는 것이다.

  이런 정국주도 전략이 결국 수사방향을 결정하고 이는 결국 수사과정에 인권은 무시되고 한 건을 위한 수사는 마구잡이식으로 진행 될 수 있음을 내가 겪고서야 절실히 느낄 수 있었다. 내가 잘못한 것은 인정하나 이 과정에 나타나는 수사의 문제점을 실감한 것이다.

  난 왜 이런 글을 쓰고 있는가? 나의 수사과정에서 심문을 하고 구속에 이르는 과정에 모든 것을 진솔하게 진술하였다. 하지만 수사는 내가 말한 진술은 부가적이고 검사가 원하는 방향으로 끼워 맞추고 있었다. 심지어 원하는 결과가 나타나지 않으니 또 다른 수사를 진행하면서 협박과 회유를 가하기도 하였다. 실제 구형에서 기소이후 다른 증거도 제시하지 못했다. 여기서 구형은 수사를 진행하여 죄목에 따른 기소를 하고 이를 검찰에서 법원에 제시한 후 판사의 심리를 그쳐 검사가 구형하는 것을 말한다. 판사는 검사의 구형을 토대로 사건 기록을 읽고 법원에서 판사가 판결하는 것을 선고라 하고 있다. 나의 경우 영장 실질 심사로 구속을 하고 기소까지 수사기간을 연장하면서, 접견금지 서신금지 등 가족의 면회를 원천 봉쇄하고 수사를 진행하였다. 수사검사는 구속을 시키고 매일 검찰로 불러내었다. 하지만 불러만 놓고 검찰청 감호소에 대기시키고 저녁 무렵 불러서 간단히 심리하는 형식이 대부분이었다. 나중에 안 사실이지만 지금까지의 수사과정에서 증거나 내용이 충분하지 않으니까 추가적인 자백을 유도하고자 검사의 권한으로 최대한 피의자를 압박하기 위한 수단으로 이와 같은 행위를 하고 있다는 것을 알았다. 이 같이 저녁까지 심문하지도 않고 불러서 대기시키고 다시 구치소로 늦게 돌려보내는 등의 과정이 매일 반복되고 있었다. 저녁은 거의 먹지 못하고 구치소로 가면 뜨거운 물을 받아 컵라면으로 끼니를 해결하는 것이 20일 가까이 반복되었다. 이렇게 인권을 무시하는 수사를 하고 있는 것이 우리 검찰의 일반적 관행이다. 무소불위의 검찰 권력을 막을 수 있는 사람은 변호사인데 변호사도 검찰과 악어와 악어새 아닌가 싶다. 검찰의 구속이 있어야 변호사는 생업을 유지 할 수 있다. 누구도 믿을 수 없는 것이 법조계의 양상인 것이다.

　한건을 위해서 피의자의 방어권을 무시하는 방법을 쓰면서 수사를 진행하였다. 왜 피의자의 방어권까지 제어 하면서 수사를 하는가? 검사 자신의 입신영달을 위해 무리하게 피의자의 인권은 무시할 수 있다는 생각으로, 관행이라는 이름으로 자행하는 것이다. 무엇이 이렇게 만들고 있는가? 정부가 국민의 삶이 어떤 상황인가와 서민의 삶이 어떻게 어우러져 생활되고 있다는 국민의 눈높이를 이해하지 못하고 무조건 자신의 정책을 관철하고자 하는 수단으로 공안정국을 만들어 가고자 하는 의도 속에 검찰은 따르고 있다 보니 이런 양상이 펼쳐지고 있다는 느낌이다. 즉 정국주도를 위해 검찰의 공권력의 강화로 정국을 주도하고자 하니 검찰의 무리한 수사와 인권을 무시하는 수사관행이 생기고 있다는 느낌을 지울 수 없다.

　나의 경우 검사의 구형 내용을 보면 모두 추측이다.

피의자를 구속하지 않았다면, 수사하지 않았다면 엄청난 결과를 발생할 수 있었다는 것이다. 나를 마치 파렴치범으로 매도하고 있는 것이다. 법은 투명하고 엄격해야 한다. 죄형법정주의에 입각해야 한다. 그렇기에 3심 제도를 두고 있다. 그러나 1심에서부터 문제가 발생하고 있다. 한 건 위주의 수사관행과 유무죄를 전관변호사에 의해 좌지우지 되는 경우가 허다하다는 것이다. 법을 자의적으로 해석하고 시류에 따라 판결한다면 법이 무슨 소용이 있겠는가? 검사의 구형이 법의 범위에서 제시되는 것이 아니라 감정이나 한건을 위해 한 수사를 추측성 구형으로 이어진다면 우리사회는 그야말로 혼돈과 혼란이 야기 될 것이다.

어떠한 경우라도 법정에서는 법리를 토대로 다투며 재판을 하여야 할 것이다. 검사의 한건주의나 전관 변호사의 예우로 판결이 나는 경우나 관행은 사라져야 할 것이다. 내가 잘못한 일은 책임을 져야 할 것이다. 하지만 억울한 일은 당하지도 발생하지도 말아야 할 것이다. 오래전에 어느 판사출신의 변호사 얘기가 새삼 생각난다. 판사시절이나 변호사를 하면서 법대로 판결되는 것이 없다는 넋두리를 들었을 때 무심히 지나쳤지만 내가 겪고 보니 실감난다.

검찰과 법원의 구형이나 판결도 문제이지만 우리 구치소는 어떠한가? 구치소는 죄지은 사람을 격리 수용하는 곳이다. 격리수용만이 구치소의 역할은 아닐 것이다. 격리수용하여 교정하고 이들을 올바르게 사회로 이끌어야 한다. 내가 느끼는 구치소는 단순히 격리수용은 하고 있으나 교정을 위한 프로그램은 잘 마련되고 있는지는 의문을 가질 수밖에 없다. 이 문제는 다소 주관적일 수 있지만 특히 미결수의 경우는 전혀 교정을 위한 프로그램은 전무하다. 기결수의 경우는 다양한 프로그램이 있다고는 들었지만 재소자의 관리에 치중하는 느낌을 지울 수 없다.

구치소 입소하는 날 밤 늦게 일명 신입 방에 들어갔다. 늦은 시간에 같이 신입 방에 들어간 친구는 공권력 방해로 구속되었다. 술 마시고 순간을 참지 못하고 경찰 폭력으로 구속되었는데 폭력으로 집행유예가 있다고 한다. 40대 초반으로 아직 미혼이었다. 이 친구의 죄명을 보면 우리사회의 현 실태를 민낯으로 보여주는 듯해 참 마음이 아픈 경우였다. 자신의 감정을 컨트롤하지 못하게 만든 것이 그 자신일까 하는 생각이 들었다. 우리사회의 문제를 이 친구에게서 느끼는 것은 내가 너무 감성적인가? 몸은 망가질 때로 망가진 것 같았다.

우울증 약 고혈압 당뇨 등의 약을 처방 받아 먹고 있었다. 그런 몸으로 술을 마실 수밖에 없었고, 기초생활자 수급으로 생활한다니 젊은 친구를 보고 한심할 수 있지만 참 어처구니가 없었다.

사회 불만이 많은 친구였다. 앞으로 술을 자제하고 출소 후 트레일러 운전하며 조용히 살아가야겠다는 각오를 하고 있다. 이런 친구는 우리사회가 조금만 관심을 가지고 도와준다면 얼마든지 자립하여 사회생활을 할 수 있을 것으로 본다. 우리는 왜 이들을 방치해 두고 끝없는 범죄를 저지르도록 하고 있는가? 또 다른 한 명은 오락장에서 일하다 구속되었다. 약 15년 이상 오락장에서 일하며 생활하였다고 한다.

출소하면 오락장 일은 그만할 것이며 다른 일을 하고자 한다는 것이다. 하지만 무엇을 해야 할지 모른다고 얘기하고 있다. 우리사회가 오락장을 불법으로 단속하고 있는데 어떻게 15년 동안 오락장 일을 할 수 있었는가? 이렇게 방치하고 어느 날 갑자기 구속하고 있다. 어디에서부터 잘못 된 것일까? 구조적으로 사회문제를 살펴보아야 할 것이다.

한 친구는 20대 후반으로 유사금융의 문제 때문에 사기죄로 구속되었다. 요즘 대부업과 관련이 있는 일로 쉽게 돈 벌기 위해 이런 일을 하는 친구들이 많은 것 같다. 출소 후에는 아버지 회사에서 일하며 새롭게 살아보겠다고 얘기한다. 이 젊은 친구는 돈의 가치와 소중함을 별로 모르고 돈이 있으면 무한정 소비하고 없으면 수단을 가리지 않고 돈을 만들어 쓰고자 노력하는 형이다.

이들의 이런 사고와 행태를 누가 이렇게 만들었는가? 모두 물질만 추구하고 금전의 소중함을 일깨우지 못한 우리 사회가 무한 책임을 져야 할 것이다. 20대 중반의 한 친구는 유사강간으로 성매매와 관련한 일로 구속되었다. 앞으로 출소 후에는 학업을 마치고 바르게 새로운 일을 해 보겠다고 한다. 이 친구는 아마도 홀어머니 밑에서 자란 듯 했다. 성적인 문제에 대해 무감각 했으며, 그렇게 죄의식을 못 느끼고 있는 듯했다. 그저 생활비 벌고 쉽게 돈 벌수 있기에 이런 일을 친구들과 하고 있었다고 보아진다. 이 또한 우리 사회의 한 단면을 보는 듯했다.

우리 사회가 이런 젊은이들에게 희망과 꿈을 만들어 주어 그곳으로 향할 수 있도록 할 수 있는 사회적 시스템을 마련하지 않으면 이런 일은 반복될 것으로 보인다. 장자의 한 구절이 생각난다. "사랑을 주면 친해지고,

이익을 주면 사람이 모이고, 칭찬을 하면 열심히 일 한다"는 것이다. 우리사회도 거창한 시스템 보다는 사랑이 만연하고, 자기 노력을 통해 삶을 영위할 수 있는 방안을 마련하여 끝없이 용기를 북돋우고 칭찬한다면 열심히 일하는 건강한 사회가 될 것으로 보인다. 짧은 기간인 일주일간의 신입 방이었지만 모두 후회하고 앞으로의 삶을 나름 계획하고 있다. 이들에게 꿈과 희망을 줄 수 있는 사회가 되기를 바란다.

〈철창 속 구치소 : 구속은 단절〉

일주일 후 본방 입소를 하였다. 이곳은 사건 수사 후 재판 심리와 검사 구형, 1심 재판장 선고를 기다리는 미결수가 있는 곳이다. 신입방은 막 구속되어 구치소 안내를 위한 대기 방이라면 본방은 재판과정 동안 기거하는 곳이라 할 수 있다. 신입방과 본방의 이동과정은 일명 멘붕이라 할 수 있을 정도로 정신없이 보냈다. 2.3평의 방에 5-6명이 생활하고 있다. 방안에서 모든 것을 해결한다. 식사와 화장실 이용, 식기 세척, 잠자리 등을 해결하는 집이다. 정확한 일정표에 따라 일과가 진행되고 있다. 이러한 일정과 과정을 소개하는 것은 우리가 어떠한 상황에 놓일지 모르는 일이다. 잘못이 있건 없건 간에 언제 이런 상황을 당할지 모르는 재소자의 가족이나 관련된 분들을 위해 이곳 생활을 소개하고자 한다.

구치소에 사식을 넣는다는 것을 집에서 음식을 만들어 넣는 줄 알았다. 하지만 외부 음식은 일체 넣을 수 없다는 것을 이곳에서 생활하면서 알게 되었다. 구치소에 음식의 반입은 구치소 면회실에서 구입하여 재소자에게 보내주는 것이다. 이것을 사식이라 하며, 종류도 그리 많지 않다는 것이다. 물론 의복도 마찬 가지고 이러한 사정을 모르는 가족은 집에서 속옷과 내의를 가지고 온 경우 넣을 수 없다는 사실을 알고 실망하는 경우가 많다. 의복도 구치소의 지정된 구입처에서 구입하여 넣을 수 있다.

기결수와 미결수의 면회는 차이가 있다. 기결수의 경우 일주일에 한 번의 면회만 허용된다. 미결수는 1일 1회 면회가 가능하다. 최대 3명까지 동행할 수 있다. 면회시간은 7분, 예약을 할 경우 10분까지 가능하다. 예약은 미리 신청하는 경우를 말한다.
　나의 경우 2016년 3월 14일 검사로부터 구속영장이 제시되고, 3월 15일 법원의 영장실질 심사가 진행되었다. 설마 구속이야 되겠는가 하고 생각하였다. 변호사도 선거사범 중에 여론관련 피의자가 구속된 경우는 없다고 하였다. 그렇기에 별다른 준비 없이 영장실질 심사에 임하였으나, 3월 15일 오후 7시 30분 구속영장이 발부되어 부산구치소로 이송되었다. 구속영장이 발부되어 구치소로 가는 과정에도 실감이 나지 않았다. 내가 구속이라니 참 이럴 수가 있는가? 그러나 구치소에 도착하여 들어가기 전에 수사계장에게 잠시 기다려 달라 담배 한 대 피우게 부탁을 하니 그렇게 하라고 해 담배를 피우며 마음의 각오를 하였다. 어떠한 일이 있어도 마음을 가다듬고 견디어야 한다. 구치소에서 신원을 확인하고 소지품을 모두 영치시키고, 죄수복으로 갈아입는 장소로 이동하였다. 입고 있던 옷을 모두 벗어주고, 관복으로 속옷까지 갈아입었다. 언젠가 신문에서 여성 피의자가 속옷을 벗고 신체검사를 받는 치욕을 겪었다고 하였는데, 실제 알몸으로 간단한 신체적 검사를 하고 옷을 갈아입었다. 처음 입소한 방은 신입방 4상 16방이었다. 2.3평에서 5명이 일주일간 생활하였다. 오전 6시 기상 점호를 마치고 식사 후 간단한 점검이 있다. 이후 약 20-30분 정도 운동시간이 주어진다. 기결수가 아니기에 운동시간도 운동장이 아닌 건물 뒤편에 쪽 공간에서 운동을 한다. 운동시간에 서로 정보도 교환하고 소통도 하지만, 뛰는 사람 걷는 사람 등등이 있다 보니 부딪치는 경우 서로 욕설 등으로 충돌하기도 하는 경우가 많다.

 신입방과 본방은 생활에 차이가 있다. 일명 영치금으로 물품을 구입하는데 신입 방에서는 구입을 할 수 없다. 처음 신입 방 생활에서는 식사도 제대로 할 수 없었다. 입맛이 없다고 해야 하나 음식을 먹어도 무슨 맛인지 느낌이 없었다. 긴장도 되고, 심리적으로도 불안하고 내신세가 왜 이렇게 되었는가 하는 처참한 생각으로 멍하기만 했던 기억이 난다. 하지만 젊은 친구들과 생활하면서 불안하거나 정신 줄 놓은 것처럼 보이지 않으려 긴장하며 지냈다. 신입방에서 내가 나이가 제일 많았다. 그렇기에 젊은 친구들을 다독이며 방의 분위기를 만들어 가야 하는 상황이었다. 짧은 시간이지만 같은 공간에서 서로를 위로하며 지낼 수 있도록 할 수 밖에 없었다. 피의자 신분이지만 어려운 상황에는 같이 뭉치게 되는 현실을 실감하였다.

  본방에서 첫날은 새로운 사람들과의 만남으로 긴장이 되었다. 신입방과는 달리 안정은 되어 있었으나 질서를 따지며 생활하는 공간이었다. 이름 하여 방장이 있고 오래 같이 생활하여야 했기에 체계에 따라 방의 생활이 유지되고 있었다. 다행이 어느 정도 나이가 있는 피의자들이 생활하고 있었으며, 그러나 이곳도 내가 나이가 제일 많은 상황이었다. 그리고 신분을 확인하고 서로 예의를 갖추는 모습이라 다행이었다. 구속될 것을 모르고 준비가 없었기에 영치금 준비도 못한 상태라 속옷이나 의식주에 필요한 것을 구입할 돈이 부족하였다. 검사가 구속과 동시에 면회금지 서신금지를 해 두었기에 영치금도 넣을 수 없는 상황이었다. 3월 중순이었지만 구치소는 다소 추위를 느낄 정도로 날씨가 아직은 차가웠다. 간단한 속옷과 양말은 빌려 입고 있다가 주변의 면회가 이루어져 영치금이 들어오고 속옷과 양말, 수건 등을 구입하여 빌린 것을 돌려주고 본격적인 구치소 생활이 시작되었다.

처음에는 곧 나갈 수 있겠지 내가 잘못을 했지만 모두 시인하고 했으니 바로 나갈 수 있을 것으로 생각하였다. 그러나 이곳에서 지내다 보니 한번 구속되고 나면 절차가 있어 그렇게 간단히 나갈 수 있는 사정이 아니라는 것을 알게 되었다. 나의 경우 검사가 원하는 결과를 얻지 못하자 구속연장을 시켜 놓고 20일 가까이 접견금지 서신금지, 가족면회까지 금지 시키고 수사를 진행하였다. 이러한 것은 검사의 과욕에서 나온 결과라고 보여 진다. 인권은 무시되고 권력을 남용하면서까지 원하는 결과를 얻고자 반복 심문하고 피의자의 심리를 자극하여 자백 아닌 자백을 받고자 하는 전략이었던 것이었다. 나는 나름대로 바깥과의 연락을 취하기 위해 변호사 접견을 요청하여 상황을 설명하였으나, 변호사는 검사의 심문에 당당히 응하라고만 하고 특별히 수사과정의 문제를 집어주지는 못하고 있는 상황이라 답답하기만 하였다. 변호사를 믿고 기다리는 것은 어리석은 짓이었다. 자신의 문제를 직시하고 자신이 변론과 방향을 결정하고 변호사에게 요청했어야 했는데, 누구나 처음 겪다 보면 변호사에게만 의존하게 된다. 변호사는 절차의 문제나 수사과정의 문제를 집어야 하는데 그렇지 않은 상황에서 검사는 나를 악의적으로 접근하고 있었고,

검사가 원하는 방향으로 끼워 맞춰가고 있다는 것을 실상은 모르고 시간이 흘러가고 있었다. 급기야 여론조작과는 무관하게 금전문제까지 기소에 포함하여 가고 있었다. 선거준비과정과 당내경선은 선거운동이 아님에도 불구하고 변호사는 이런 부분을 놓치고 말았던 것이었다.

 절차상 검찰에서 수사가 끝나면 기소를 한다. 난 4월 1일 기소되었다. 구속되고 무려 20일 가까이 되어 기소를 하였다는 것은 검찰이 얼마나 인권을 무시하고 수사를 했는지 알 수 있다. 기소 내용도 처음 구속되는 시점에 수사한 내용과 특별히 다른 부분도 없었다. 기소 내용도 공직선거법 96조 1항이냐 허위사실 공표냐 하는 부분을 두고 고민하는 흔적이 보였다. 사실 이 부분에 있어 죄형법정주의에 벗어나는 구속이었다. 내가 잘못된 결과를 기자에게 보냈지만 법적 근거가 명확하지도 않은 법적용으로 구속을 하고 마치 선거과정에서 문제가 되고 있는 여론조작의 굴레를 나에게 적용하는 사회적 여론재판을 하는 느낌이었다. 선거과정에서 여론조사관련 문제가 많아지다 보니 시범사례로 법적근거도 뚜렷하지 않은 여론조사결과 왜곡과 조작 혐의로 구속하고, 이것도 불안하니 선거준비과정과 당내경선의 문제를 선거운동으로 둔갑시켜 구속한 것이었다. 기소

이후 면회가 허용되고도 검사는 면회 장소에 교도관을 배치하여 입회 시키며 증거를 찾고자 끝없이 시도하였다. 그러나 교도관 입회 시에도 증거를 찾지 못하자 1심에서 기소 시에 주장한 내용을 다시 정리하여 엄벌에 처해야 한다는 검사의견을 내기도 하였다. 왜 이런 시도를 하고 있는 것인가 검사의 승진에 교수의 검거나 유명인사의 검거는 인사고가가 있다는 것이다. 예당초 나를 구속함에 있어 무리한 법적용이 있었기에 이런 것을 염려해 온갖 술수를 다 행하고 있다는 것을 알 수 있었다.

검사는 나에 대한 구속에 자신감이 없었던 것이기에 무리한 수단을 강구한 것으로 보인다. 기소 후 1차 심리가 있다. 대체로 기소 후 2주 내에 이루어진다. 1차 심리는 2016년 4월 15일 있었다. 이날 검사 구형을 보면 말도 안 되는 것으로 엄벌을 주장하고, 모두 추단되고 있고, 나의 진술은 사실과 관계없이 증거를 찾지 못하니 변소하고 있다며 징역 2년 6월을 구형하였다. 그래 내가 반드시 너의 주장을 뒤엎어 주리다. 출세에 눈이 어두워 사람을 이렇게 고통으로 몰아가고 있는 너의 미래는 어떤지 내 두고 볼 것이다 하고 마음을 다지며 구치소 생활을 하였다.

본방에서 생활은 모든 것을 내려놓고 지내기로 마음을 다졌다. 정말 극한 오지 체험을 한다는 각오로 치솟는 분노를 참고, 모두 내 탓이요 하며 기도하고 마음을 달래며 생활하였다. 난 특별한 종교생활은 하지 않았지만 누군가에 대한 기도를 하고 있었다. 고교시절 미션스쿨을 다녔기에 교회도 가고 했다. 사회생활을 하면서도 교회를 나가기도 했으나 그리 진지하게 다니지를 못했다. 기독교적인 믿음에 대한 회의를 가지게 되었고, 실제 절대자에 대한 믿음이 없었다. 이후 불교의 선에 대한 관심이 많아 나름의 공부를 하고자 노력을 하고 있었다. 진정 자신을 되돌아보고 나 자신은 어디에서 왔으며, 어디로 간단 말인가 하는 의문을 해결하기 위해 나름 사찰을 찾기도 하고 공부를 하고 있었다. 나 자신을 찾는 노력이 경건하지 못하고 교만과 욕망으로 삶을 살아가는 상황을 두고 볼 수 없어 잠시 격리시키는 것이다라고 생각하기로 하였다. 그러다 보니 이곳으로 나를 오게 한 이 사실은 나를 새롭게 거듭나게 하기 위한 것이 아닌가 하고 생각하였다. 처음 구치소에 들어온 날보다는 이후 차츰 마음을 달래며 견디어 나가야겠다는 생각으로 마음을 단단히 먹으니 지내기가 한결 나아졌다. 마음을 가라앉히고 집착의 고리를 끊으려 노력하고 마음을 달래어 갔다. 차츰 4상 14번방 식구들과도 친숙해 지고 2.3평의 세상에 적응해 갈 수 있었다. 이 방에는 나와 같은 나이의 K모씨는 재개발 관련 문제로 구속되었다. 이 친구도 억울하다고 한다. 빌린 돈이 재개발 관련 뇌물성으로 바뀌어 수사 받다가 구속되었다고 한다. 아마도 재개발 사업 관련 사건은 복마전인 듯해 보인다. 서로 이권을 차지하기 위해 상대방을 음해하기도 하고, 실제 문제가 발생하기도 하는 것 같아 보인다. 이 친구는 자주 눈물을 보인다. 억울하고 분통이 터진다고 한다. 빌린 돈을 갚으라고 하여 갚았다는데도, 이를 빌미로 상대방이 고소하고 빌린 돈을 받은 사람은 대가성으로 주었다고 진술하여 여기에 이르렀다는 것이다. 이 친구의 주장이 맞으면 아마도 상대방이 이런 정황을 이용해 K씨를 고소하고 재개발 사업권을 차지하기 위해 벌인 일이라고 보아진다. K씨는 4월 초 보석으로 풀려났다. 4상 14번방 식구들은 모두 축하해 주었다. 보석으로 풀려난 후 사식도 넣어주고 변호사 관련 자문도 해 주고 하는 등, 신의 있는 친구였다. 짧은 기간이지만 같은 방에 기거하면서 한 식구 같은 정을 느끼게 하는 친구이다.

또 한 친구는 고향은 충청도 청주인데 인천 살고 있다.

무면허 음주로 구속되었다. 무면허로 자갈치 시장에서 곰장어 구이로 소주를 마시고 운전하다 잡혀 구속되었다. 그전에 음주운전으로 집행유예 기간이라 더 문제가 될 것 같아 노심초사하고 있었다. 다행히 얼마 전 회사는 병가로 처리할 수 있도록 동료가 배려해 주고 있다고 하여 다소 안심을 하였다. 1심 선고에서 6개월을 받고 항소한 상태로 구치소에서 생활하였다. 또 다른 친구는 사설 스포츠 토토를 운영하다 구속되었다. 국내는 허가된 스포츠 토토 외에는 불법이지만 사행성 도박 사이트가 난립을 하고 있다. 규모가 적고 미미해 선처를 바라고 있는 듯해 보였다. 1심 구형이 2년 6월이라 선고는 집행 유예를 바라고 있지만 얼마 전 소식에 의하면 10월의 실형을 선고 받았다고 한다. 또 한 친구는 유통업을 하다 결국 부도를 내고 사기죄로 구속되었다고 한다. 고소한 피해자와 합의를 하고자 하는데 다소 어려움이 있어 보인다. 합의 하면 나갈 수 있지만 합의금 조정을 위해 1심 심리와 구형이 늦어지고 있었다. 최근 1심 구형이 3년을 받았고 선고는 2년형을 받았다고 한다.

한 친구는 4월 13일 전방을 갔다. 구치소에서는 한 방에서 4개월이 지나면 다른 방으로 옮겨야 하는데 이를 전방이라고 한다. 내가 보기에는 생활력이 매우 강한 친구 같았다. 이 친구는 같이 살던 여자의 고소로 사기죄로 구속되었는데 합의를 하면 나갈 수 있어 보였다. 이 친구는 4상 14방의 방장을 하고 있었는데 요령을 부려 신입방에서 오는 친구에게 옷가지를 빌려 주고 새것으로 받기도 하고, 공동구매시에 자기가 필요한 것을 다른 친구의 영치금으로 구매하는 등의 방법을 이용하고 있어 식구들로부터 눈총을 많이 받고 있었다. 전방을 가고부터는 매우 좋아했으나 또 다른 문제가 발생하고 있었다. 식구 중에 개인행동을 보이는 사람이 나타나 서로 충돌이 일어났다. 도둑을 피하면 강도를 만난다고 했던가? 내가 보기에는 그런 상황이 벌어지고 있었다.

또 한 사람은 전방을 가고 들어 온 친구가 있었다. 유가증권 위조로 구속되었는데 무죄를 주장하고 있었다. 본의 아니게 연루되었다고 주장하고 있고, 사기꾼에게 걸렸다고 한다. 이 분도 집행유예 건이 있어 집행유예 기간이 지나야 하기에 항소하여 시간을 벌려고 하였다. 얼마 전 부친이 돌아가시어 잠시 출소하여 연락이 왔는데 자유가 얼마나 중요한지를 재삼 느꼈다고 한다.

내가 나오기 일주일 전에 또 한 사람이 우리 방에 들어왔다. 배임횡령죄로 구속 되어 수사를 받고 있었다.

호텔에 근무하면서 회원권 관리업체의 교체 과정에서 문제가 발생하여 사장과 함께 구속되었는데 사장은 이 친구에게 책임을 질 것을 바라고 있는 듯 했다.

　이처럼 세상은 각자 살기 위해 남을 해치거나 미필적 고의로 문제를 만들면서 생존하고 있는 듯하다. 나 또한 소영웅심이 작용하여 미필적 고의를 행하다 이런 고초를 당하고 있다. 모든 것은 사필귀정이 아닌가 싶다. 잘못을 한 정도의 차이는 있지만 이곳 구치소에 오기까지는 예정된 수순이 아닌가 한다. 누구를 원망하고 누구를 탓 하겠는가 자신이 살아온 과정에 뭔가 문제를 만들었기에 이런 저런 문제가 발생했다고 본다. 이런 전차로 세상의 이치는 적절이 처벌을 가하고 때로는 엄한 벌도 가하고 있다고 본다. 이렇게 하여도 듣지 않을 시는 뭔가 특단의 조치를 가하는 게 세상의 이치라고 보여진다. 나를 내려 놓고 자신을 되돌아보면 비록 이번 여론조작 사건으로 구속되었지만, 이것만이 원인은 아닐 것이다. 지금까지 살아오면서 온갖 문제들에 연루되고 자신의 오만과 아집으로 생활하면서 뉘우치지 않으니, 아마도 신이 잠시 깨달음을 느낄 수 있는 시간을 배려해 주었다고 생각하고 있다. 또한 하나님께서는 내가 세상의 삶속에서는 도저히 개정의 변화가 없다고 판단하시어 격리시키고 자신을 다시 살펴보도록 하신 것이라 여겨지기도 하였다. 구도자의 자세로 하루하루 생활하면서 묵상과 기도를 하였다. 명상이 무엇인지도 모르면서 나를 내려놓고 먼저 마음을 비우고 단순하게 평온한 마음으로 절대자의 느낌을 느끼고자 조용히 머물러 보기도 하였다. 자신과 사회에 대한 분노와 분심을 극복하고자 고요히 자리에 머무는 노력도 하였다. 이러한 명상으로 세상의 거짓과 허무를 분명히 알게 되자 진리가 무엇인가를 찾는 노력을 하게 되었다.

2) 이 또한 지나가리다

우리는 어떤 극한 상황에 부딪히면 순간이 빨리 지나가기를 바란다. 하지만 그 순간은 일일이 여삼추라고 하루가 길고 긴 시간으로 여겨진다. 지나고 나면 한 순간의 아득한 추억처럼 느껴지기도 하지만, 어떤 마음으로 그 극한 상황을 견디어 내느냐에 따라 지난 후의 결과는 확연히 달라진다. 이 어려운 시간을 잘 극복하면 인격적으로나 세상속의 인간관계의 관계망 등이 매우 성숙된 사람이 있다. 즉 자신을 반성하고 자신의 문제를 찾아 회개하고 고치는 노력의 여부가 중요할 것이다. 그리고 진인사 대천명의 심정으로 극복의 시간을 가져야 할 것이다.

이 또한 지나가리라는 유대경전 주석서인 미드라쉬(midrash) '다윗왕의 반지'에 나오는 글귀이다. 전쟁에서 늘 승리를 하던 다윗 왕이 어느 날 반지가 갖고 싶었다고 한다. 그리하여 다윗왕은 반지 세공사를 불러 "나를 위한 아름다운 반지를 하나 만들되, 내가 승리를 거두고 기쁠 때 교만하지 않게 하고, 절망에 빠지고 시련에 처했을 때 용기를 줄 수 있는 글귀를 넣도록 하여라." 어느 상황 속에서도 스스로의 마음을 다스릴 수 있는 글귀가 새겨진 반지 하나를 만들 것을 명령한 것이었다.

명을 받은 세공사는 멋진 모양의 반지를 만들었습니다. 반지를 만든 후 반지에 글귀를 적어야 하는데 다윗왕이 원하고자 하는 글귀를 적기가 그리 쉽지 않아 고민에 고민을 거듭했다고 한다. 결국 고민 끝에 반지 세공사는 다윗의 아들 '지혜의 왕 솔로몬'을 찾아갔다. "솔로몬이시여, 다윗 왕께서 기쁠 때 교만하지 않게 하고, 절망에 빠졌을 때. 시련에 빠졌을 때, 용기를 줄 수 있는 글귀를 새기라고 하셨는데 어떤 글귀를 적으면 좋겠나이까?" 반지 세공사 고민을 들은 솔로몬은 잠시 생각한 후

한 말이 바로… '이 또한 지나가리라'.

　매일 반복되는 생활 속에 매일 매일 방의 분위기는 조삼모사로 분위기는 달랐다. 지난 번 K씨가 보석 석방되고부터 이 곳 방의 식구들은 각자 유리한 해석을 하면서 자신의 판결에 유리하게 될 것들을 찾고 기대를 하고 있다. 나도 이런 저런 이유를 가지고 내게 유리한 해석을 끝없이 하면서 기대를 하고 있다. 비록 2년 6월의 구형을 받았지만 보석의 가능성, 1심 선고에서 집행유예, 또는 벌금의 가능성을 예견하면서 희망을 가져보는 생활을 하였다.

　4월 19일 위조증권으로 구속된 G씨가 항소 심리로 출정〈구치소에서 법원 또는 검사 수사를 위해 나가는 것〉을 했다. 아마도 증인 신청 등 법리 다툼이 있을 것으로 보인다. C씨는 불법 스포츠토토로 구속된 친구인데 4월 20일 1심 선고를 앞두고 있다. 나와 같이 2년 6월을 구형 받았는데 선고에서 집행유예의 가능성을 기대하고 있다. 어머니와 누나가 병원에 있어 가능하면 집행유예로 나갈 수 있기를 원하고 있다. 4월 21일은 무면허 음주로 구속된 K2씨의 선고가 있다. 앞전에 집행유예가 있어 이 친구는 7월 중순을 지나야 한다. 집행유예기간에 구속되면 집행유예 기간의 형까지 합쳐서 살아야 한다. 이러한 이유로 집행 유예기간을 넘겨 판결을 받아야 판결된 부분만 형을 살 수 있다. 5월 13일은 유통업을 하다 부도를 내고 사기죄로 구속된 친구의 1심 선고를 기다리고 있다. 합의가 필요한 사안이라 1심 선고를 늦게 잡은 모양이다.

불법 스포츠토토의 C씨는 4월 20일 재판이 5월 4일로 연기되었다. 잘 되었는지 무엇 때문인지 방의 식구들의 의견이 분분하다. 나중에 확인 한 것이지만 판사가 재심리가 필요하다고 연기를 하였다고 한다. 매일의 일상생활은 자의든 타의든 느끼는 감정은 시시 때때로 변한다. 갑자기 좋았다가 순간순간 우울해 지기도 하고 있다. 이런 현상은 자신의 문제 뿐 아니라 주변의 상황의 변화에 따라 여러 생각이 복잡해지면 통제 불능의 상태가 되는 것 같다. 그러다 보니 감정의 기복이 매우 심하게 나타난다. 어느 때는 머리가 아프기도 하고, 심지어는 갑자기 열이 나기도 한다.

이곳 구치소에서 잘 지내기 위해서는 마음을 비워야 한다. 자신이 어쩔 수 없는 상황을 복잡하게 생각하면 견디기가 힘들어진다. 모든 것을 내려놓고 집착하지 않는 마음이 중요하다. 무심, 무상을 깨닫고 무욕의 마음을 가질 때 평온이 온다. 하지만 이렇게 마음을 비우는 것이 쉬운 것은 아니다. 내 자신도 마음을 종잡을 수 없어 종종 머리도 마음도 아파 힘든 시간을 보내기도 했다. 그러다 마음의 평정심을 찾아 무심, 무상의 마음을 가질 때도 있으나 이도 잠깐이다. 불현 듯 집착이 생기고 구형은 이런데 선고는 어떨 것인가 등 무엇을 향한 분노인지는 모르나 분노가 치솟는다. 이런 일이 반복되면서 참기 힘든 나날이 이어지지만 차츰 이곳 생활에 익숙해져 가고 있는 내 자신을 보고 인간은 적응력이 참 강하구나 하는 생각이 든다. 이런 것은 나만의 문제가 아닌 듯하다. 이곳 식구들이 모두 공통으로 느끼고 있는 것 같다. 각자의 처한 상황 속에서 공동생활을 하고 있지만 자신의 관점에서 느끼고 자신의 문제에 봉착하면 집착과 고통을 느끼고 감정의 기복이 심해지는 것은 어쩔 수 없어 보인다. 자신의 문제와 서로의 문제는 분명히 다르고 분리되어 있지만 어쩔 수 없이 공동생활을 해야 하기에 의논은 하지만 각자의 관점에서 보면 누구도 도울 수 없기에 감정적인 문제가 생기면 다투기도 하는 상황이 생긴다.

하지만 각자의 사안에 대해 분리되어 느끼고 생각하지만 공동생활을 해야 하기에 개인적인 문제를 부각하거나 개인주의적 행동은 서로 용납하지 못한다. 공동

생활 하는 공간에서는 공동의 책임을 져야 한다는 것이다. 개인주의를 내세우면 바로 지탄의 대상이 된다. 왜냐하면 최소한의 공동 소모품과 청소 등의 부담은 서로 져야하기 때문이다. 이곳에서는 개성이 강한 각자의 특성들이 나타나기도 한다. 이곳에 오기까지 상황을 유추해 보면, 원만한 성격은 아닌 듯해 보인다. 그러기에 더욱더 서로가 개성이 뚜렷함을 이해하고, 각자를 존중해야 한다. 하지만 그것이 잘 안되고 그렇지 못하다는 것이다. 그러기에 배려의 마음이 절대적으로 중요하고 필요하다. 이런 마음이 없으면 방의 평온은 깨지고 만다. 내가 있는 방에서도 여러 번 고비가 있었지만 다행히 원만히 문제를 해결하고 넘어 갔다. 일명 방장이라는 친구의 특유한 갈취성 물품구매, 이후 충청친구의 개인적 행동 등이 있었으나 서로 양보할 수 있도록 조정하며 평온을 유지해나갔다.

  때로는 서로 각자의 상황 때문에 다른 생각으로 분리되어 느끼지만 생활은 함께 해야 하는 운명인 것이다. 비록 개인적 상황이 어려워도 함께해야 하는 생활 때문에 참아야 한다. 개성이 강한 행동을 하면 바로 지탄의 대상이 된다. 배려의 마음이 절대적으로 중요하고 필요하다. 이러한 분위기를 조성하지 않으면 방의 생활은 항상 긴장의 연속으로 어려움을 겪어야 한다. 분위기가 잘 조성되면 비록 좁고 불편한 공간이지만 집같이 정도 들고, 재소자들도 있는 동안은 서로 위로하는 가족 같은 생각이 든다.

 2.3평의 세상은 참으로 복잡하고 미묘하고 어렵다. 어떤 때에는 동물의 사육장 같다는 생각이 들기도 한다. 갇혀 있으면서 시간에 맞춰 먹이를 주는 동물과 같은 생활의 연속이다. 운동부족으로 대부분 체중은 늘어만 간다. 하지만 생각을 바꿔야 한다. 바깥세상과 이곳을 바꿔 생각할 필요가 있다. 이곳이 특급 호텔은 아니지만 매일 정해진 시간에 식사제공해 주고 교도관은 서비스 맨이다. 일명 보고전〈필요한 사항을 서면으로 제출〉을 내면 필요한 것을 제공해 준다. 몸이 아프면 증상을 적어 제출하면 오후에 약이 제공된다. 빨래를 하고자 하면 마찬가지로 행하면 나가서 세탁을 할 수 있다.

 그래서 난 생각을 바꾸어 외딴 곳에서 수행한다는 마음으로 매일 매일 구도자의 마음으로 생활하는 자세로 생각을 바꾸어 가니 시간도 잘 가고 일명 '이 또한 지나가고' 있었다. 평생 앞만 보고 달려왔는데 모든 것을 내려놓고 자신을 되돌아보고 새로운 삶을 위한 시간을 갖는다는 마음으로 하루하루를 보내니 마음이 평온해졌다. 반평생의 삶을 되돌아보면서 좋았던 시간 슬픈 날 보람 있던 날 어려웠던 날들 온갖 군상에 대한 일들을 반추해 보면서 반성과 회개의 시간을 보냈다.

  하지만 불현 듯 바깥의 상황이 떠오르면 비운 마음은 사라지고 머리가 복잡해진다. 나를 둘러싸고 있는 온갖 일들과 인연을 생각하면 미안하고 후회스런 일들이 많아 괴롭다. 나 때문에 고통을 받고 계신 부모님 생각을 하면 눈물이 난다. 나 대신 동생들이 잘 보살펴 드리고 있다는 소식을 듣고는 있었지만, 나로 인해 걱정 하실 부모님께 죄송하고 미안한 생각뿐이었다. 검사에 대한 원망과 분함이 치솟을 때가 있지만 한편으로는 검사에게 감사하게 생각한다. 내가 저지른 잘못에 대한 처벌은 당연한 것이고, 이 사건으로 인해 나 자신을 한번 되돌아보고 한 박자 쉬어 갈 수 있는 기회를 준 것에 감사를 하고 나 스스로에게 위로를 했다. 여기에 입소한 분들의 공통된 심리는 자신의 잘못에 대한 처벌을 어떻게 하면 최소화 할 수 있을까가 주된 관심사이다. 매일의 생활 속에서 일희일비 하는 내용이 주변의 구형이나 선고 결과에 따라 민감한 반응을 보인다.

  작은 창틀을 통해 뒷산이 보인다. 어느덧 연푸른 녹색으로 옷을 갈아입고 있었다. 작은 창은 온갖 생각을 연출해 내게 한다. 산 너머 집 생각과 가족, 직장, 친구, 동료 등을 떠 올린다. 하늘을 보며 지난 과거를 생각 하며 잘 살았구나 이제 떠나야 하는가? 아니야 견디어 보자 이 또한 지나가리니 등 잡념이 떠나지 않아 더 이상 창을 보지 않았다. 하지만 같은 방 동료들은 종종 밖을 보며 중얼 거린다. 나와 같은 회한과 온갖 푸념과 상념으로 하소연하는 모습이다.

 격리된 생활이지만 신문은 볼 수 있다. 조선일보, 부산일보, 문화일보, 매일경제를 신청해 읽고는 한다. 세상 돌아가는 상황을 알고 싶어 본다기 보다는 시간을 효율적으로 보내기 위해서 읽는다. 신문을 6명이서 돌아가면서 다보고 나면 사회면이 화젯거리로 등장한다. 유사한 범죄에 대한 형량을 판결해 보고 자신의 것을 저울질해 보기도 한다. 이곳의 생활을 위해서는 기본적인 돈을 영치금으로 가지고 있어야 한다. 어디를 가나 돈 문제는 있다. 여기 구치소도 빈부의 격차를 느끼게 한다. 건강을 위해 또는 스트레스를 최소화 위해 필요한 상비약을 구매하기도 한다. 물론 갑자기 몸이 좋지 않으면 교도관에게 보고 전을 내어 증상에 따라 약을 처방 받을 수 있다. 영치금으로 정해진 범위 내에서 음식도 구매해 먹을 수 있다. 하루 세끼는 정해진 시간에 어김없이 제공해 주고 있다. 늘 밥이 남아 설거지 때 버리는 일이 많다. 과거에 듣던 것과는 달리 꽁 보리밥은 아니다. 정해진 식단에 따라 매일 다른 반찬이 나오고 있다. 국력이 많이 신장된 것을 실감하고 있다. 식단은 중류층의 식사는 되어 보인다. 처음에는 스트레스로 식사를 할 수도 없었고, 밥맛이 없어 겨우 끼니를 때우는 식이었지만, 차츰 적응해지고 식사도 잘하게 되었다.

  2.3평의 좁은 공간에 종일 갇혀 있어야 하는 불편함은 있지만, 나름은 잘 견디어 내었다. 오락으로 바둑과 장기를 두기도 하고, 법무부 편성 TV도 보면서 이곳의 세상에 적응해 가고 있는 모습을 보고 인간은 적응해 가기 마련이구나 하고 생각되었다. 뉴스는 저녁 7시대에 실시간으로 보며주지만, 나머지 프로그램은 자체 편성하여 보여주는데 한 달가량 지난 프로그램이다. 이러한 일상의 틀 속에서 바깥의 온갖 군상을 다 지워버리고 이곳 생활에 최대한 적응해 생활하고자 노력했다. 하지만 접견 등 주변의 상황에 따라 심리적 변화가 사안에 따라 급격히 달라지는 것은 어쩔 수 없었다. 모든 것을 내려놓고 단순히 일상을 보낼 때는 문제가 없었다. 그러나 가족, 부모, 직장, 주변 동료 등의 소식을

접하거나 문제가 발생하면 멍해진다. 이곳에서는 자신이 할 수 있는 일이 거의 없기 때문이다. 이러한 때 구속된 것의 부자유를 실감하면서 심리적 동요가 심하게 나타난다. 나의 경우 잘 참고 견디는 성격이지만 어떤 경우는 머리에 열이 나고, 뒷목이 뻐근해진다. 이런 현상은 나만이 아니라 이곳 같은 방 식구들도 가끔은 나타나는 현상으로 이러한 때는 우황 청심환을 복용해 안정을 취한다. 나는 구도자의 자세로 마음의 안정을 시키며, 흥분된 감정을 가라 앉혀보고자 노력하였다. 특별히 불교를 믿고 있는 상황도 아니었지만 부처님께 갈구하기도 하였고, 예수님께 주여 도와 주소서 하며 견디어 가고 있었다. 이러한 기도는 나를 강하게 하고 마음을 안정시켜 나갔으며, 뭔가 이러한 기운이 나에게 작용하고 있는 강한 느낌을 받았다.

 이곳의 시간은 들쭉날쭉 하는 것 같다. 어느 때는 시간이 잘 가기도 하지만 여느 때는 너무 지겹고 미칠 지경이다. 아마도 상념이 많을 때 이런 현상이 나타나는 것을 느끼었다. 동물원에서 동물이 우리를 아무 의미도 없이 반복해서 돌아다니는 것이 연상되었다. 특히 나갈 날을 예상하고 이를 기다리면 영락없이 시간은 일각여삼추 같은 느낌이었다. 하지만 일상은 반복적으로 시간이 지나가고 있었다. 방의 여러 사안이 발생하던지 말든지 관계없이 '이 또한 지나가고' 있었다. 이러한 일상 속에서도 명상에 맛 들면서 시간과 싸워 이기는 법을 명상에서 얻게 되었다. 잃어버린 우리 자신, 우리의 이웃을 알게 되었다. 나 자신의 고달픈 영혼이 이곳에서 견딜 수 있게 끊임없는 생명을 불어 넣어주는 것은 명상이었다.

3) 2.3평의 암투

아무리 작은 공간이라도 함께 생활하는 공간에서는 서로를 존중하고, 함께 생활하기 위해서 나름의 고통을 분담하고 지낸다. 서로 간에 어려움을 어떻게 이해하느냐에 따라 평온과 평강이 찾아온다. 대부분은 자신의 관점에서만 타인을 바라본다. 우리는 자신의 이익과 편익에 따라 행동하는 경우가 많다. 그렇기 때문에 갈등과 다툼이 생긴다. 작은 행복은 나를 내려놓고, 타인을 이해하고 섬김의 마음을 가질 때 가능한 것이다.

구치소의 2.3평은 한방에 5-6명이 함께 생활하면서 겪는 일상의 문제들이 다양하다. 우선 공동생활에 따른

규율이 필요하다. 첫째로 당번을 정해 매일 청소와 식기 세척을 담당한다. 당번은 돌아가면서 의무적으로 행하도록 하고 있다. 식기 세척이 가장 큰 일이다. 각기 방마다 특색 있게 자율적으로 당번 활동을 하고 있다. 식기 세척은 세면대나 화장실에서 한다. 세면대는 2.3평의 공간 안에 있어 물이 튀고 하여 불편하기에 화장실을 이용한다. 그러기에 화장실의 청결은 매우 중요하다. 화장실 바닥을 매일 치약으로 청소하여 청결을 유지하려 노력하고 있다.

 공동생활에 필요한 의식주와 관련한 용품의 구매들도 중요한 사안이다. 이 과정에 각자의 개인적 상황에 따라 구매품의 유형이 다를 수도 있고, 영치금의 분배 과정에 영치금이 부족한 이는 불만을 제기하기도 한다. 각자 다른 환경에서 생활하다 좁은 공간에서 함께 지내다 보니, 부디 치면 사소한 문제에도 신경을 곤두세우곤 한다. 급기야는 언성이 높아지고 심지어는 주먹다툼이 발생하기도 한다. 우리 방에서는 수먹 다툼은 없었지만 옆방에서는 주먹질로 징벌방으로 전방을 가기도 하는 사례가 종종 발생하고 있었다. 징벌방은 엄격한 통제 하에서 2명이 지내며 낮에는 발도 뻗지 못하고 지내야 한다.

각 방에서는 가장 오래된 친구가 방장을 하고 있다. 우리 방 방장은 신입이 오면 자기가 쓰던 물품을 제공해 주고 새것을 구매해 자기가 갖는 등 생활력이 매우 강한 친구였다. 이에 불만을 표출하여 징벌방을 보내려고 했으나, 의논 끝에 다른 방으로 전방 조치하는 수준에서 상황을 정리하기도 하였다. 하지만 작은 공간에서 어렵게 생활하는 관계로 언제든지 불편부당한 문제로 다투는 문제가 발생할 수 있기에 서로 조심하면서 이해하고 생활하려고 노력하고 있었다. 우리 방의 상황은 그래도 나은 편이었지만 다른 방은 자신이 불편한 것을 견디지 못하고 의도적으로 물의를 일으켜 징벌방으로 보내기도 하고 자신이 다른 방으로 가기도 하는 사례가 발생하기도 하였다. 그야 말로 생존의 극치를 보이는 새로운 삶의 현장이 구치소이다.

　이 또한 지나가기를 바라며 작은 공간에서 암투는 끝없이 전개된다. 갇혀 지낸다는 것이 얼마나 불편하고 심리적 불안을 야기하는지 겪지 않고서는 이해할 수 없을 것이다. 정신적 통제는 없으나, 신체적 통제가 인간의 생활에 어떤 결과를 가져오는가? 각자의 상황에 따라 다를 수는 있을 것이다. 어떤 이는 신체적 구속보다 정신적 통제가 더 힘들다고 하는 이도 있을 것이다. 아무리 정신적 구속을 한다 해도 정신은 구속 자체를 할 수 없다. 그러나 신체는 물리적으로 통제되는 것이기에 말로 표현할 수 없다. 구속이 의미하는 것은 단순히 신체적 구속뿐만 아니라 신체적 자유를 통제 해 정신적 활동의 범주를 제한하는 결과는 낳는 것이다. 즉 신체적 구속은 정신적 세계를 제한하지는 않지만 정신적 내용을 구현하는 범위를 제한하는 효과를 가져 오고 있다는 것이다.

인간이 동물과 다른 점이 무엇인가? 창의적 활동을 통해 자신의 생활과 환경을 구성해 사회를 이루어 가는 것이다. 이 모든 것이 구속되고 통제된다는 것은 사회생활을 할 수 없다는 것이다. 이것이 결국은 정신적 구속에 이른다는 것이다. 몸이 움직일 수 없다는 것이 결국 정신적 구속이 되고 있다. 이곳의 생활은 능동보다 수동적 생활이 기본이다. 그래야 편안하다는 것이다. 무엇을 하고자 하면 통제를 가한다. 먼저 나서지 말고 주어진 일과 속에서 생활하는 최소한의 의식주만 허용되고 있다. 하지만 공동이용의 2.3평은 불편하고 힘든 생활이다. 그러다 보니 이 공간에서는 수동적인 일상보다는 능동적이고 솔선하는 일상이 되어야 한다. 그렇기도 하지만 인간 자체는 수동적이기 보다는 능동적 활동을 선호하고 있는 것이다. 이러한 속성을 통제해 버리는 것 자체가 힘든 일상이다. 2.3평의 공간에서 개인적 활동이나 수동적인 태도는 서로를 불편하게 하고, 교도관의 지적은 결국 방의 분위기와 공동생활을 무너지게 할 수 있기에 각자의 능동적 생활과 솔선을 통해 공동체를 유지하고자 한다.

여기 부산 구치소는 30년이 넘었다. 그러다 보니 이곳 시설은 전국에서 최악의 낡은 시설이다. 바닥은 아직 나무로 되어있고, 벌레가 나오고 있는 실정이다. 다른 구치소는 난방을 할 수 있도록 하고 있으나, 여기는 난방 자체를 할 수 없다. 운동할 수 있는 공간은 건물 뒤쪽 공간에 있어 응달이고 햇빛은 구경도 못한다. 해가 비치는 공간은 비스듬히 보이는 0.7평 정도의 공간 사이에 사선으로 비춰 보인다. 이 햇빛을 서로 쬐이려고 줄을 선다. 얼굴만 겨우 지나가면서 햇빛을 쬐이기도 한다. 여기 교도관과 대화중에 교도관도 가장 열악함을 인정하고 있다. 인간의 최소한의 기본권 조차 허용되지 못하는 구치소가 이곳이라고 스스로 얘기하고 있다. 그러나 최소한의 기본권을 만들어 주기 위해 흉내는 내고 있다는 것이다.

이곳의 교도행정은 단순히 수용하고 감시하는 기능뿐이다. 21세기 교도행정으로 변화하려면 많은 시간이 필요한 듯하다. 이 시설부터 바꾸어야 하는데 언제 시설을 바꿀 수 있을까? 내가 알기로도 지난 19대 총선에서 부산구치소 이전 공약을 여당, 야당 공히 후보들이 공약하였다. 하지만 아직 논의조차 이루어지지 않고 있다. 이번에도 검찰 수사 받으려 차량에 실려 가면서 보니 또 20대 총선 공약으로 부산구치소 이전을 공약으로 내세우고 있었다. 국의의원 후보는 빈 공약을 하고, 당선되면 4년 동안 남 몰라라 하는 파렴치 한 사람인가? 아마도 또 4년이 흘러 갈 것이다.

　여기 교도관의 인식도 바뀌어야 한다. 교도관의 인식이 바뀌려면 또 얼마나 시간이 흘러야 할까? 교도관의 채용과정에서부터 문제가 있을 것이다. 특별 공무원이라 시험도 그렇게 어렵지 않으니 아무런 의식이나 사명감도 없이 도전해보자는 식의 지원이 대부분이다. 안정적인 생활과 편안함을 추구하는 일반인들이 선호하는 직업군이다. 교도 행정관의 직업에 대한 사명감과 의식 교육이 이루어지는지는 알 수 없는 상황이다. 교도행정은 피의자를 단순히 수용하는 곳이 아닌 교정하여 사회의 일원으로 다시 복귀할 수 있도록 하는 것이 중요한 부분으로 자리매김할 수 있도록 이루어져야 할 것이다. 전체적으로 교도행정의 수준은 20세기에 머물고 있다. 부분적으로 관리시스템은 IT를 접목하고 있지만 실제 교정 교화 영역의 활동과 인식의 변화는 거의 전무하다고 해도 과언이 아니다. 21세기 교도행정이 되기 위해서는 피의자를 하나의 인격체로 인식하고 관리하는 교도행정이 우선되어야 할 것이다.

우선 시설부터 개선해야 한다. 한방에 6-7명씩(2.3평) 수용하는 것은 없어져야 한다. 방에 소등하지 않아 밤잠을 설치게 하는 시스템도 고쳐야 한다. 다른 교도소는 어떤지 실태를 알 수 없으나 부산구치소에서는 야간 소등이 없다. 최근에 보도를 보니 전국 교도소 구치소가 소등하지 않는 것 같다. 한방에 너무 많은 인원이 함께 생활하다 보니 몸이 부딪치고 취침 시에 새우잠을 자야 한다. 그러다 보니 서로 몸의 접촉에 예민하고 어떤 때는 충돌도 일어난다. 건강도 말이 아니다. 늘 두통과 피로감에 어려움을 호소하고 있다. 아 동물이란 말인가? 교도 행정은 단지 피의자를 수용하여 안전하게 관리하는 것이 주안점이 되어 있다. 그러나 앞으로는 교화를 위한 행정을 우선하는 것으로 바뀌어야 할 것이다. 우선 첫 걸음은 인간의 기본권에 중점을 두고 하는 교도행정으로 전환이 필요하다. 엄동설한에 난방도 없이 찬물로 생활하는 것부터 해결해야 할 것이다. 아무리 죄를 짓고 수용되었다고 하지만 동물원의 가축처럼 수용되어서야 선진대한민국이라 할 수 있겠는가? 우리도 인간이고 사회에서 자신의 역할을 하고 있으며, 사회의 일원으로 일정부분 기여를 하고 있는 인간들이라는 사실을 인식하고 교도행정이 이루어져야 할 것이다. 잠깐의 실수와 잘못으로 영원히 낙인찍힌 채로 살아가게끔 하는 열등 인간으로 만들어서는 안 될 것이다. 죄 값을 치르고 사회에서 당당한 일원으로 복귀할 수 있는 교도행정이 이루어져야만 향후 우리사회가 건강해 질 것으로 믿는다.

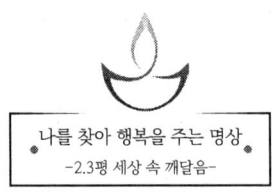

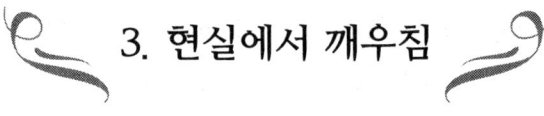

3. 현실에서 깨우침

1) 선고를 기다리며

　인간은 원죄가 있다. 늘 죄 사함을 받고자 하나님을 찾고 청정한 삶을 살고자 기도하고, 죄의 굴레를 벗어나고자 한다. 이러한 영혼의 원죄의 구속에서 벗어나는 문제가 아닌 세속의 육체적 구속의 문제는 삶속에서 현실문제에 따라 일어나는 것이다. 세속의 갈등에서 언제나 느끼는 것은 유불리의 문제에 직면한다. 좀 더 큰 부정이 있는가? 사회에 악영향이 있는가의 문제다. 왜 이런 문제가 야기되고 있는가? 자신과 집단의 이해관계 속에서 더 나은 이익을 취하기 위해 발생한다. 나의 경우도 소영웅심에서 자신의 능력을 과시하려다가 벌어진 일이다. 자신의 행위에는 늘 책임이 따라야 하는 것이다. 한순간의 잘못된 판단이 자신과 가족, 사회에 엄청난 파장을 몰고 온다.

이에 따라 수사와 수사에 따라 영장 청구를 위한 실질 심사가 이루어진다. 영장신청에 따라 영장 실질심사를 기다리며 정말 구속되는 것인가? 설마 구속이야 하면서 늦은 시간까지 초조하게 기다리다 2016년 3월 15일 오후 7시 30분 영장 발부 소식에도 구속이란 사실이 실감나지 않았다. 일명 관복이라는 죄수복을 입고 신입방에 들어와 첫날밤을 지새우다시피 보내고, 수사를 받기 위해 구치소에서 검찰청 검사 심문에 응하기 위해 수갑과 포승줄로 온몸을 묶이고 하면서 실로 구속을 실감하였다. 온갖 다양한 사연으로 구치소에 수감된 사람들의 대부분이 이구동성으로 말하는 것이 이곳에서 수감과 포승줄에 묶인 사람들의 모습을 보면서 드라마나, 영화, 뉴스에서 볼 때는 대단한 죄를 짓고 들어간 것으로 보았는데, 실제 자신이 이곳에 있으면서는 달라 보인다는 것이다. 살다보면 구속 될 수도 있고, 억울하게 구속되기도 한다는 것이다. 구속되고 나면 검찰의 기소가 있고, 다음은 구속 상태에서 판사의 심리가 있다.

이후 검사의 구형이 이루어진다. 나의 경우 검사 구형이 2년 6월이었다. 이후 판사가 심리를 토대로 선고를 하게 되면 형이 확정된다. 이 형에 불복하면 고등법원에 항소를 한다.

선고는 구속되고 검사 기소에 대한 판사의 심리가 있고, 판사의 판결이 이루어지는 단계인 1심의 최종단계이다. 선고의 형량을 기다리는 피의자들은 모두 초조와 불안으로 기다린다. 나 또한 1심 구형이 2년 6월이기에 선거사범치고는 많은 구형이 나왔다. 1심 변호사를 2명이나 선임하고 기다리고 있었다. 2번째 변호사는 검사와 판사를 지내고 내 사건이 판사 퇴직 후 첫 변호라고 관심을 가지고 신경을 쓰고 있다고 한다. 그러나 4월 25일자로 보석이 기각되었다고 26일 교도관이 서류를 가지고 왔다. 보석기각 소식은 4월 29일 선고에 어떤 영향을 미칠 것인가 등 불안하게 했다. 판사의 선고가 어떠냐에 따라 내 인생의 향방에도 많은 영향을 미칠 것이다. 집행유예가 가능한가? 집행유예가 되어도 학교의 문제 등 또 다른 많은 문제가 있을 수 있다. 그러나 변호사는 우선 풀려나야 하니까 기소된 사실을 인정하고 풀려나는 전략을 쓰자고 한다. 그동안 옥바라지로 고생해 주고 있는 후배는 걱정 말라고 한다. 변호사

접견에서는 96조 1항의 적용에 문제가 있으니 살펴봐 달라고 하였으나, 법적용에는 문제가 없으니 읍소하는 것이 최선이라고 한다.

  결국 4월 29일 오전 10시 선고에서 징역 1년 집행유예2년으로 선고를 받고 풀려났다. 오전에 풀려나오니 부모님과 동생, 선배와 후배들이 고생했다고 위로를 한다. 그러나 나 자신은 풀려난 것도 잠시 앞으로 일이 더 걱정이었다. 풀려나자마자 집으로 가면 좋지 않다는 속설이 있다고 하여 옥바라지로 고생한 후배와 같이 회포를 풀면서 바깥에서 하루를 지내고 집으로 갔다. 다음 날 변호사 사무실에 찾아가 항소를 위해 어떻게 하면 좋으냐고 하니 소개해 준 변호사 비용이 엄청나다. 무려 1억 원 가량의 비용을 또 요구한다. 1심에서 들어간 비용만 6천만 원인데 항소심 비용을 감당할 능력도 안 되지만 기가 막혔다. 정말 무전 유죄 유전 무죄란 말인가? 방황하기 시작했다. 잘 알고 있는 중산도사님의 소개로 암자에 들려 기도를 하였다. 주지스님께서는 걱정 말라고 위로를 하신다. 모든 것을 내려놓고 마음을 비우라고 한다. 그리고 암자의 주지 스님께서 기도를 해 주시겠다고 마음을 편히 하고 지내라고 하신다. 어찌 마음을 편히 가질 수 있는가? 항소를 해야 하는데 돈이 없다. 수소문하다 평소 알고 지내든 후배에게 부탁을 하였으나 어렵다는 것이다. 그러나 1억이라는 돈은 없고 항소는 필히 해야 하는 상황이라 서울에 있는 후배에게 어렵게 부탁을 하였다. 이기고 지는 문제가 아니니 최선을 다해 변론을 부탁한다고 하고 변론 요지는 내가 정리 할 터이니 법리적인 것만 살펴 봐 달라고 하고 2016년 5월 4일 항소를 하였다.

여기 나의 재판과정을 소개하는 이유는 우리 사회는 법적인 문제에 직면하면 모두가 두려움이 앞선다. 하지만 두려워 할 문제가 아니라 대처해야 하는 문제이다. 그렇기 때문에 절차와 방법을 이해하면 잘 대처할 수 있을 것이다. 법적인 문제는 판례를 중심으로 유리한 결과를 가지고 논리적으로 대응하여야 한다.

이제는 내 자신이 지금까지 겪고 있는 문제에 대한 성찰이 필요하였다. 46일간의 구치소 생활에서 얻은 것은 마음을 비우는 것이었다. 모든 마음을 비우고 나 자신을 되돌아보기 위해 찾은 곳이 남해의 암자였다. 부처님을 알고 간 것이 아니라 무작정 조용한 곳에서 집착을 버리는 마음 수행을 하고자 했다. 나 자신의 삶에 대한 성찰과 나를 어떻게 이해하고 이끌어 가야 하는가의 문제를 놓고 수행을 하고자 했다. 그냥 마음 내키는 대로 대웅전과 극락전, 나한전 산신각 등을 돌며 절하고 나한전에서는 108배를 하며 마음을 달래었다. 이러한 수행과 주지 스님께서 정성을 다한 배려 덕분에 마음을 편히 가질 수 있었다. 마음이 편해지니 모든 것을 다시 보게 되었다. 내가 추구한 것이 모두 부질없는 것이었고, 세상을 있는 그대로 보지 못하고 내 자신 위주로 욕망과 욕심이 가득한 삶을 살아 온 것을 깨달았다. 오직 마음을 비우고 세상사 모두 공하다는 것을 어렴풋이 느낄 수 있었다. 이후 거의 매주 남해 암자에 들러 마음 수행을 하고 있다.

　2016년 7월 25일 대학의 재단 이사회에서 징계위원회에서 결정한 정직 3개월을 확인하고 결정하였다는 통보를 26일 서면으로 받았다. 나에게는 엄청난 결과이지만 지금 상황으로는 최선의 결과라 여겼다. 그간 이 결과를 이끌어 내는데 많은 분들이 수고하였다. 지인의 소개로 암자를 찾았을 때 어려움을 겪고 있는 나의 처지를 생각하시고, 주지 스님께서는 무조건적인 보살핌과 기도를 해 주시고 많은 위로를 아끼지 않으셨다. 실제로 대학에서 해임 의견으로 징계 위원회를 열었을 때 나로서는 심각하여 학교를 퇴직해야 하는 상황이 아닌가 하고 자문을 하였더니, 기도 해 줄 터이니 걱정 말고 마음을 차분히 하고 기다리라고 말씀 해 주시어 편안히 기도하며 기다린 결과 최선은 아니지만 차선으로 나마 정직 3개월의 징계를 받아 대학에 남을 수 있었다. 하지만 항소심 결과에 따라 또 어떤 결과가 나타날지 알 수 없는 상황이다. 오직 나를 되돌아보고 자기 성찰을 통해 결과에 따라 최선의 대응책을 강구하는 것이 중요할 것이다. 오직 모를 뿐이다. 앞으로 상황이나 나 자신의 본성을 어떻게 알 수 있는가? 깊은 수행을 통해 자성을 찾고, 청정심으로 노력하는 것이 중요한 일이라 여기며 깊은 수행을 하고자 하였다.

지금까지의 사건과 일련의 결과는 아마도 이번 사건의 발단과 결과까지 어떤 절대자의 능력으로 여기에 이르도록 이끌어 온 것이라 여겨진다. 온갖 욕망과 집착을 버리고 오직 나는 누구인가? '오직 모를 뿐이다'를 이해하고 살아가도록 하기 위한 안내였다고 생각한다. 참 나를 찾고 교만과 오만에서 벗어나 청정한 마음으로 수행하며, 사회를 위해 더불어 사는 삶을 위해 노력하도록 이끌어 주신 것으로 여겨진다. 타인을 욕하고 분별하여 시기하는 등의 죄를 짓는 것을 벗어나도록 하기 위한 것으로 여겨진다.

고등법원의 선고는 법리를 따지기 보다는 단순히 정황을 살펴 심리하고 이를 토대로 선고를 하고 있는 감이 든다. 동료교수들이 항소하지 않은 점과 총장이 1심에서 모두 자신의 책임 하에 이루어졌다고 진술한 점을 기각의 이유로 밝히고 있다. 항소심에서 법리의 잘못 적용과 당내 경선의 경우 선거운동이 아니라는 대법원 판례는 무시되고 말았다. 법은 어디에 있는가? 판사는 무엇을 위해 존재하는가? 검사 판사는 모두 악어와 악어새인가? 우리 사회가 근본적으로 밝아지기 위해서는 각자의 영역에서 최선을 다하고 진심을 다하는 사회의 환경의 조성이 무엇보다도 중요할 것이다.

 이러한 사회를 위해서 내가 할 수 있는 일은 무엇일까? 내 자신을 참회하고 이를 통해 참 진리를 깨닫고 여여한 마음이 생겨 마음의 여유를 가질 수 있을 때 우리사회의 많은 문제를 바로 바라보며, 문제를 해결할 수 있는 길과 힘을 가질 수 있을 것이다. 그러한 날이 언제 올지는 모르지만 최선을 다해 참회하며 수행하는 시간을 보내고자 한다. 나 자신에 대한 철저한 반성과 참 진리를 깨닫기 위해 나의 본성을 찾아 수련하고 수행하는 노력을 행할 때 깨달음의 경지를 이해하고 다다를 수 있을 것으로 생각한다.

내 영혼이 병든 것을 치유하는 것은 나의 경험으로 치유할 수 있는 것인가? 절대적인 존재에 의해 치유되고 새로워질 수 있는가? 정신적, 육체적, 영적 공허에 빠진 나에게 자유와 해방과 치유의 역사를 해주시기를 간절히 기도해 본다. 매일 묵상으로 내가 행한 죄에 대한 용서를 구하고, 새로운 삶을 위해 인도해 주실 것을 간절히 기도하며 새 삶을 살기를 바라고 있다.

2) 2.3평의 행복

나르시즘이라는 말에 대해서 많이 들었을 것이다. 요즘 같을 때에 더더군다나 이 나르시즘이라는 말에 대해 많이 들었을 텐데 이는 자신을 지극히 사랑하는 것을 의미 한다. 즉 나르시즘이라고 하는 것은 정신분석학적인 용어로써 리비도의 대상이 타인이 아닌 자신인 것을 말하는 것이다. 이 나르시즘이라는 말이 탄생하게 된 유래는 고대 그리스 신화로 까지 거슬러 올라가야 한다. 그리스 신화에서 나르키소스라는 미소년이 강물에 비치는 자신의 모습과 사랑에 빠지는 이야기를 토대로 나르시즘이라는 말이 나오게 된 것이다. 흔히 거울을 보면서 자신을 뚫어지게 쳐다보는 경우 그리고 자신의 몸을 이성의 몸으로 보듯 하는 것이 이 나르시즘에 속하게 된다. 이곳 구치소의 생활을 나름의 즐거운 공간으로 만들어 간다면 생활하기에 편안함을 느낄 수 있다. 이런 관점에서 나르시즘적 행복관으로 나름의 정신적 편리성을 만들어 가지 않으면 안 된다. 나르시즘적 관점에서 생활의 안락함을 추구하는 노력이 필요하다는 것이다. 내 자신의 영역을 잘 깨닫고, 다른 사람의 마음을 이해할 수 있는 경지에 다다를 수 있는 상황이 되면 좋을 것이다. 하지만 이러한 경지는 성인의 경지라 일컬을 수 있을 것이다.

 아무리 힘들고 어려움이 있어도 나름의 삶을 영위해 갈 수 있다. 좁은 공간에서도 희로애락의 영욕이 반복되고 있다. 이곳 생활이 영원하지 않을 진대도 온갖 추측과 평가가 난무한다. 이방의 입구에 명언의 말씀이 붙어 있다. '간절히 원하면 이루어진다.'이다. 무엇을 간절히 원한단 말인가? 우선은 여기에서 나가는 것이다. 왜 이곳 생활이 힘들고 불편하기 때문이다. 하지만 이곳 생활보다는 바깥이 걱정되기 때문이다. 가족의 생계, 자신의 삶, 주변의 문제 등 나가야 하는 이유가 한두 가지가 아닐 것이다.

이 모든 것 내려놓고 집착을 버리니 참 행복을 느낄 수 있었다. 이곳의 불편함이야 어쩔 수 없다. 좁은 공간에서 어렵고 불편한 것을 견디며 참아내니 마음의 행복이 찾아온 것 같았다. 모든 것을 순리에 맡기고 세상의 이치라 생각하고 우주의 만물이 모두 너나없이 같다라고 생각하니 안이 바깥이고 바깥이 안이라는 생각이 들었다. 진정한 참 행복은 어떤 것인가? 삶의 자세를 무엇인가에 두지 않고, 어떻게 사는가에 두고 현실에 충실하면서 삶을 살아가니 세상의 번뇌도 없고 집착도 없어지고 오히려 편안해지는 듯했다. 진정 참 행복을 위해서는 어떻게 사는가의 문제를 넘어서 어떤 생각으로 살아갈 것인가 하는 것이 더 중요하다는 것을 깨달았다.
  이 좁은 공간에 함께 생활하다보니 서로를 식구라고 한다. 왜냐하면 모든 것을 함께 공유하며 나누어가며 생활해야하기 때문이다. 특급호텔은 아니지만 기본은 갖추어진 숙박업소 같은 생각으로 서로 불편함을 참고 위로하며 지낼 수 있었다. 그러기에 무엇을 보다는 어떻게 생각하느냐가 중요한 것이었다. 각자의 식기는 준비되어 있다. 일명 개수대 같은 싱크대가 방안에 작게 만들어져 있다. 화장실은 방 밖에 아주 조그만 하게 있다.

이 화장실은 우리 방식구들에게는 매우 소중한 장소이다. 상하수도를 겸비하고 있다. 모든 세척과 용변을 이곳에서 해결한다. 그렇기 때문에 항상 청결을 유지해야 한다. 좌변기는 아니지만 식기세척 간단한 빨래, 세수 등 온갖 세척을 여기에서 해결한다. 여기 교도관들은 관리에 있어서는 매우 성실히 임하고 있다. 일정표에 맞추어 식사, 운동, 식음료, 쓰레기 등을 잘 챙겨준다. 즉 능동적으로 요구하는 것은 귀찮아 하지만, 수동적으로 잘 따라주면 좋아 한다.

어떤 것이든지 생각하기 나름이다. 일류호텔은 아니지만 잘 준비된 숙박시설이다. 의료혜택도 받을 수 있다. 단지 고급의료혜택은 아니지만 일상적인 질병은 즉시 해결할 수 있다. 눈이 오나 비가 오나 천재지변이 있어도 큰 걱정이 없는 곳이다. 철저히 보호되고 관리 되는 곳이기 때문이다. 인간의 생존을 위해 최소한의 필요한 것은 갖추어 제공되고 있다. 달리 생각하면 모든 것을 잘 제공해 주는 참 행복한 공간이다. 신체적 불편함을 극복하고 나면 의식주를 모두 해결해주고 걱정 없이 해결해 주는 곳이다.

바깥에서는 화려한 삶, 주위의 부러움을 사는 명예 등을 위해 온갖 술수를 부려가며 수많은 번뇌와 걱정으로 나날을 보내었을 것이다. 여기 있는 이방의 식구들도 모두 같았을 것이다. 이곳의 생활은 한 달이 큰 고비로 보인다. 처음 일주일은 어떻게 적응했는지도 모르게 두려움과 긴장으로 시간이 지나간다. 둘째 주는 또 새로운 사람과 만나고 하면서 이곳 분위기에 적응하느라 시간이 지나간다. 어느 정도 생활에 적응하는 기간이 2주 정도 걸리는 것 같다. 그리고 차츰 생활에 적응해 이곳의 생활에 익숙해지는 기간이 한 달 정도 걸린다. 수감되고 나면 특별한 경우가 아니고는 최소 한 달은 구치소에서 생활해야 한다. 이 한 달이 지나면 온갖 번뇌가 다시 시작 된다. 자신이 처한 상황을 새롭게 인식하게 되고, 구치소 상황이나 재판이 어떻게 움직이고 있는가를 어느 정도 알게 된다. 이렇게 할 것을 그렇게 한 것이 잘 못이구나 등 갖가지 상황에 대한 대처에 문제가 있었는지를 파악하고 생각하게 된다. 이런 생각을 하게 되면 한 달의 시점이 고비가 되고 힘들어지는 것이다. 한 달이 지나면 어느 정도는 체념하고, 또 마음과 육체가 적응해 가는 것을 알 수 있다.

특별한 환경에 온전히 적응하기 위해서는 정신과 육체가 함께 적응할 수 있어야 한다는 것을 깨닫게 된다. 여기의 삶은 육체적 호사는 생각할 수 없다. 모두가 같은 상황에 놓이게 된다. 사회에서 무엇을 하였던지 함께 공동생활을 하여야 한다. 그러나 정신의 문제는 다르다. 나의 경우는 극한 오지 체험을 하고 있다고 반복하여 되뇌이며 생활하였다. 한 방에서 길게는 4개월 짧게는 몇 주간 정도의 시간을 함께 지낸다. 4개월이 지나면 다른 방으로 간다. 이를 전방이라 한다. 한명이 전방을 가면 신입 피의자가 들어온다. 이렇게 변화해 가면서 한 달 또는 4개월을 같이 지낸다. 한 달 정도 같이 생활하다보면 각자의 기본적 성격을 알 수 있다. 각자 다른 사회 환경에 익숙한 생활의 태도가 은연 중에 나타나기 마련이다. 이 과정에 서로 충돌이 일어나는 경우가 있다. 이를 잘 극복하느냐의 여부가 각 방의 평화를 지키느냐 방이 깨어지느냐의 사안이 발생한다. 실제 충돌이 일어나면 방을 바꾸는 선에서 해결되는 경우도 있지만 징벌방으로 보내어져 그곳에서 또 벌을 받는 경우도 있다.

  습관의 힘은 참 무서운 것 같다. 각자의 습관이 은연 중에 나타나고 성격도 보인다. 그러다 보니 개개인의 개성이 강조되면 방에 문제가 생기는 것이다. 이러한 개성을 이해하고 서로 존중하면서 생활하면 즐거운 방이 될 수 있다. 우리 방의 경우도 각기 다양한 성격의 소유자들이 모여 있다. 유통업을 하다 잘못된 친구가 나이로는 제일 막내이다. 이 방에는 세 번째로 들어왔다. 방의 식구들이 이동이 있어 지금은 음주 무면허로 온 친구가 첫 번째로 일명 방장이었다. 두 번째는 스포츠토토로 온 친구이다. 내가 네 번째이었다. 다섯째는 전방을 온 분으로 위조주권문제로 온 분이다. 나이가 제일 많다. 새로 온 친구는 배임 등의 혐의로 왔다. 다양한 직업과 각기 다른 문제로 구치소에 온 것이다.

　이렇게 다양한 환경에서 각기 다른 문제로 이곳에서 생활하고 있기에 서로의 이해관계는 다르게 작용한다. 음주로 온 친구는 ○○자동차에서 근무하였고, 배임으로 온 친구는 ○○호텔 간부, 위조주권 문제로 온 분은 ○○화보 발행인이다. 각기 다른 분야에서 치열한 경쟁을 하며 살아온 사람들이다. 이곳에서도 각자의 생존력을 발휘하며 지내고 있다. 이러다 보니 각자의 개성을 너무 중시하면 충돌이 일어난다. 충돌하는 대부분의 경우는 방의 공동체 질서를 무너뜨리는 경우 발생한다. 적절히 공동체의 질서를 유지하는 참을성을 가질 필요가 있다. 방의 최소한의 규율을 지키고, 서로 배려하는 마음을 가져야만 가능하다. 그러다 보니 이를 중간에서 통제할 수 있는 역할이 필요 하다. 이곳도 사회의 구성원이 살아가는 모습과 같이 이곳의 질서가 있고 이를 지켜야 평온한 생활이 된다. 나의 경우도 방 식구들에게 모나지 않으려 노력하였다. 다만 정신적으로 흩으려지지 않기 위해 책을 놓지 않고 보고 있었다. 처음에는 어떤 책이든지 보았다. 차츰 적응하면서 내게 필요한 것을 선택해 보면서 마음을 달래곤 하였다.

 이렇게 글도 쓰고 생각을 정리하는 방법으로 이곳 생활에 의미를 두고 적응하고자 노력하였다. 즉 이곳에서 어떤 것을 얻을 수 있을까하고 생각하면서 의미를 찾고자 하였다. 결국 이곳 생활의 모습과 느낀 것을 정리해 보기로 하고 하루하루 생활하였더니 아주 시간도 잘 가고 즐거운 생각마저 들었다. 어떤 실수나 잘못은 누구나 할 수 있다. 이를 어떻게 극복해 가느냐가 앞으로 매우 중요할 것이다. 이 실수나 잘못을 줄일 수 있는 방법을 찾고 이를 실천하는 것이 매우 중요할 것이다. 바깥에서의 나의 삶을 되돌아보는 시간을 평소에는 진지하게 할 수 없었다. 그러나 이곳에서는 차분히 반추해 볼 수 있다는 것이다. 내가 어떻게 살아왔는가를 느낄 수 있는 좋은 시간이었다. 이곳에서 자신을 처절하게 되돌아보게 된다. 접견과 반복되는 일상에서도 온통 내 자신의 문제를 피부로 느끼며, 반성을 하는 생활을 하였다. 물론 내가 한 행위의 반성뿐만 아니라 반평생의 삶을 참회하는 시간이 되었다. 나는 어떤 사람인가? 나는 앞으로 어떻게 살아가야 할까? 단순하게 살아가라는 말을 들은 적이 있다. 공감을 했지만 그렇게 실천하지는 못했다. 이제 복잡하게 살 이유가 없을 것 같다. 내가 추구하고 얻고자 했던 것이 그렇게 중요하지가 않다는 것을 알게 되었기 때문이다. 무엇이 중요한가? 아직 그 해답을 완전히 얻지는 못했지만 과거와 같은 삶은 아닐 것이다. 더 단순할 필요가 있다고 느낀다.

 행복을 거창한 곳에서 찾지 않을 것이다. 아주 작은 것 단순한 삶에서 행복을 찾고 느낄 수 있을 것 같다. 큰 이상을 추구하고 세상의 큰 변화를 추구하기 보다는 작은 것부터 실천해 나가다 보면 큰 결과가 있으리라는 이치를 이해할 수 있다. 화려함 속에서 추구한 욕망은 버리고 단순함 속에서 참 인생을 살아 갈 수 있을 것 같다. 당장하지 않으면 큰일이 날 것 같은 것도 그리 문제가 아님을 이곳에서 느낀다.

 아침운동 시간에 0.7평 정도의 공간을 통해서 해를 쪼이면서 만족해야 하는 생활도 기쁘게 느낀다. 눈을 가만히 감아본다. 처음은 감은 눈에 붉은 빛이 점점 옅어진다. 결국 붉은 빛의 느낌이 점점 옅어지고 희미해

진다. 다시 눈을 떴다 감아본다. 이제는 붉은 빛이 즉시 옅어지고 일상의 빛으로 변화된다. 이곳 생활도 처음은 불편하고 참기 힘들지만 차츰 익숙해지면서 일상적 생활로 적응해진다. 단지 격리된 상황을 어떻게 받아들이고 생각하느냐가 매우 중요한 것 같다. 이곳에서 즐거운 것 중에 목욕시간이다. 온 방식구들이 함께 목욕실에 들어가 서로 등을 밀어 주면서 짧은 시간 목욕을 마치고 나면 삶의 때를 지운 것 같다. 그렇기에 목욕하는 날이 기다려지고 기대된다. 바깥에서는 자유롭게 언제든지 필요하면 무엇이든지 할 수 있지만, 이곳은 정해진 시간과 일정표에 따라 움직여야 한다. 이렇게 수동적인 생활이지만 적응해 나가면 일상의 삶과 같이 즐겁게 지낼 수 있다. 인간은 본래는 능동적이고 자유로운 동물이다. 이 동물을 수동적으로 구속하니 힘들고 괴로울 수 있다. 하지만 수동 속에서 능동적 생활을 할 수 있는 방법을 찾는다면 행복을 느낄 수 있다. 2.3평에서도 세상사의 이치와 다양한 사회활동이 이루어진다는 것이다.

  누가 얘기 했던가? 정부가 법을 만들면 국민은 대책을 강구한다. 이번 선거 결과를 보면서 더 실감한다. 법치를 강조하다가 20대 총선에서 여당이 그야말로 참패한 것이라 여겨진다. 많은 다른 이유도 있지만 이곳 구치소에서의 여론은 피의자들이 법치의 문제를 얘기하는 것을 보면서 총선에 여당이 패하겠구나하고 느꼈다. 대중이 가장 현명하다는 연구 결과의 책들이 많다. 대중의 여론이 매우 중요함에도 불구하고 이를 거스르는 정책이나 활동이 얼마나 많은가? 대중의 지혜를 잘 알고 여론을 제대로 살피는 정부, 정치권이라야 성공할 수 있다고 본다. 법치를 논할 때 분명 다양한 관계의 시스템의 문제는 없는지를 체계적으로 살펴야 함에도 그렇지 못한 것이 결국 화를 자초하고 있다.

  2.3평에서도 서로 질서를 만들어 내고 함께 사는 법을 만들어 간다. 바깥은 함께보다 특정 계층의 질서유지와 그들만의 특권을 유지할 수 있도록 체직 질 하는 것 같다. 나 또한 이곳에 오기까지는 그런 생활에 젖어 당연시하며 살아왔다. 진정 어두운 곳 힘든 곳의 어려움을 살피고 해결 방안을 찾는 노력을 얼마나 하였는가를 반문해 본다. 진정한 행복은 배려하는 사회를 만들고 나를 내세우기 보다는 상대방을 이해하는 것 즉 타인의 관점에서 바라보는 사회가 되어야 할 것이다. 지금까지의 삶이 환상 속에서 참 가치를 생각지 못하고 살아 왔다는 것을 느끼게 한다. 이곳 생활이 불편하고

고통스럽지만 참 삶이 무엇이어야 하는가를 다시 생각하는 계기가 되었다. 나 자신을 되돌아보게 되었다. 어떤 삶이 되어야 하는가? 무엇을 위한 삶이어야 하는가? 살아가는 진정한 이유를 찾아가는 시간이 되고 있다. 작은 자유에 대한 가치를 느끼고, 범사에 감사하고, 관계의 인과관계를 다시금 생각해 볼 기회를 가지게 된다.

왜 우리는 이 땅에 살고 있는가?, 우리는 무엇을 하고 있는가?, 어디서 왔는가? 죽을 때는 어디로 가는가? 이제 우리는 내면으로 눈을 돌려야 한다. 그리하여 참 삶을 살아야 한다. 그것을 위해서는 우리 자신부터 먼저 고통에서 벗어나야 한다. 죽기 전에 우리는 그것을 알아야 한다. 그렇다면 우리의 삶은 올바른 삶이 될 수 있다. 행복한 삶을 위한 바른 수행은 우리 자신을 이해하는 일부터 시작해야 한다. '나는 누구인가?'를 알기위해 수행을 해야 한다. 이 질문을 깊게 하게 되면 모든 생각이 끊어지고 생각 이전의 상태로 돌아오게 될 때 '눈뜸'의 경지라 할 수 있다. 무아의 경지에서 자신을 자연인 우주와 동일하게 하나로 만들 때 '깨달음'에 이르게 된다고 한다. 이렇게 우리 자신을 알게 되면 우리 자신을 찾을 수 있다. 가장 중요한 것은 '내가 누구인가?'라는 이 큰 의문을 어떻게 깊게 유지할 수 있는가 하는 것이다. 이러한 상태에서는 어떤 말이나 단어가 필요치 않다. 이것이 바로 '자신'을 깨닫는 것이다.

우리는 왜 이 세상에 태어났을까? 우리는 왜 사는가? 돈? 아니면 사랑? 혹은 명예를 위해서? 그런 것이 아니면 내 아내와 남편과 아이들을 위해서? 우리는 그저 행복하게, 소박하게 살고 싶다고 하지만 그 소망을 자세히 들여다보면 대부분 개인적인 만족을 위해 먹고 자고 살아간다. 그러나 이 모든 것은 진정한 삶의 목표가 아니며, 단지 일시적인 수단에 불과하다. 가장 중요한 삶과 죽음의 문제, 그리고 진정한 자기 자신에 대해서는 제대로 알지 못하면서 어떻게 진정한 행복을 누릴 수 있는가? 깨달음은 존재가 무한대의 시 공간에 놓여 있다는 것을 알고, 우주와 자신이 하나라는 것을 알 때이다. 즉 삶도, 죽음도 결국 따로 없다는 것을, 오고 가는 그 무엇도 없다는 것을 깨달고 '눈뜸' 때이다. 이제 내가 이곳에 온 이유를 알게 되었다. 나 자신을 되돌아볼 수 있도록 하는 기회를 준 것이었다. 개인적인 만족을 위해 삶을 살아가는 것이 얼마나 허무한 것인가를 느끼게 한 것이다. 구치소 창살을 두고 바깥과 안을 구별하는 것이 아니라 모든 것이 하나이며, 안팎이 따로 존재하는 것이 아니라 모두가 하나의 실체라는 것을 이해하게 되었다. 이곳의 생활을 통해 참 행복은 무엇인가를 알 수 있는 기회를 가진 것이다. 모든 것을 내려놓고 집착을 버릴 때 평온함을 느낄 수 있다. 이러한 심정과 수행을 할 수 있는 기회를 가졌다는 것 자체로도 행복한 것이다. 모든 원망과 욕망을 버리고 내 자신의 실체를 찾아 함께 더불어 할 수 있는 삶을 살아갈 수 있기를 바란다.

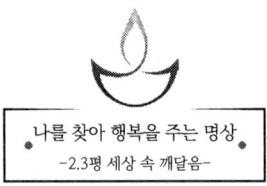

4. 회개하는 새 삶

  회개는 자신의 내면의 양심으로부터 자신을 드러내는 것입니다. 종교적으로는 전능자에게 구속하는 권능을 인정하고 자신의 삶을 맡기는 것이다. 나는 인생에서 실패와 좌절을 딛고 새로운 삶을 위해 회개하고 행복한 삶을 위한 자세와 노력을 위한 깨달은 바를 정리해 보았다. 회개는 행복을 가져올 것이다. 종종 우리는 회개를 비참하고 우울한 것으로 여긴다. 불행을 가져오는 것은 죄이다. 회개는 우리의 탈출구이다. 인생에 회개가 없다면 진정한 발전이나 개선도 없다. 회개는 우리를 자유와 확신, 평안으로 이끌어 준다. 회개의 기쁨이란 멀쩡한 삶을 사는 기쁨 이상이다. 그것은 용서의 기쁨,

다시 깨끗해진 기쁨, 그 기쁨을 경험하고 나면 그 이하로는 만족할 수 없다.

회개는 끈기를 요한다. 저는 탕자의 비유를 좋아한다. 탕자가 '스스로 돌이[키는]' 결정적인 순간은 참으로 인상적이다. 돼지우리에 앉아 '돼지 먹는 쥐엄 열매로 배를 채우고자 하[던]' 그는 마침내 자신이 아버지의 재산만 낭비한 것이 아니라 자기 인생도 낭비했음을 깨닫는다. 아버지가 자신을 다시 받아줄 거라는 믿음으로, 아들로서가 아니라면 종으로라도 말이다. 그는 반항적인 과거를 접고 집으로 돌아가기로 한다. 저는 종종 이 아들이 집으로 걷는 긴 여정을 생각했다. 때로 주저하며 마음 졸였을 것이다. "아버지가 어찌 나를 받아주실까?" 다시 돼지들에게로 몇 발짝 돌아갔을지도 모른다. 그가 포기했더라면 이야기가 어떻게 달라졌을까요? 하지만 그는 믿었으므로 계속 걸었고, 아버지도 믿었기 때문에 계속 바라보고 기다렸다. "아직도 거리가 먼데 아버지가 그를 보고 측은히 여겨 달려가 목을 안고 입을 맞추니 아들이 이르되 아버지 내가 하늘과 아버지께 죄를 지었사오니 지금부터는 아버지의 아들이라 일컬음을 감당하지 못하겠다 하나 아버지는 종들에게 이르되 제일 좋은 옷을 내어다가 입히고 손에 가락지를 끼우고 발에 신을 신기라 이 내 아들은 죽었다가 다시 살아났으며 내가 잃었다가 다시 얻었노라 하니." 회개는 모두를 위한 것이다.

우리는 모두 탕자이다. 우리는 모두 거듭하여 '스스로 돌이켜' 집으로 가는 길로 되돌아와야 한다. 이는 우리가 일생 동안 날마다 내리는 선택이다. 우리는 종종 회개를 '마음에 크나큰 변화'를 요하는 무거운 죄와 연관 짓는다. 그러나 회개는 모두를 위한 것이다. 즉 '금단의 길로 떨어져 나가서는 잃어버린 바 [된]' 자들 뿐 아니라 '협착하고 좁은 길에 들어선 후에' 이제는 '힘써 앞으로 나아가야' 하는 자들에게도 필요하다. 회개는 우리를 옳은 길로 되돌리고, 또 옳은 길에 머물도록 한다. 회개는 새로운 출발을 위한 준비라고 생각한다. 과거 죄로 인해 오염된 영혼을 깨끗하게 하는 시작이다.

1) 깨달음

깨달음이란 말 그대로 모르던 사실을 궁리 끝에 알게 된 것이다. 거기에는 기존의 낡은 생각을 깨뜨리는 과정이 수반되며, 그러한 이유에서 예상치 못했던 극적

요소들이 개입 될 수 있다. 즉 무작정 원한다고 해서 깨달음이 이루어지는 것은 아니며 새로운 차원으로의 정신적 도약이 있어야 한다.

　깨달음은 영혼의 의지다. 일상의 자극을 깊이 이해하는 수단이다. 그 욕구는 삶을 향상시키는 에너지며, 새로운 삶을 찾는 촉수다. 청춘의 꿈과 사랑이, 중년의 부와 성공이, 노년의 명예와 지혜가 그렇다. 그 실현은 필요의 이해가 필수다. 그것이 바로 깨달음이다. 즉 깨달음은 순수의 극한 영역이 되는 것이다.

　따라서 사전적 의미의 깨달음이란 진리나 이치 그리고 본질 따위를 생각하고 궁리해 그 참뜻을 이해해서 알게 된 것이다. 이것은 대부분 사람들이 '더 나은 삶'을 위해 알아야할 보편적인 깨달음이다. 그러나 우리는 일상에서 어떤 자극을 통해 삶을 획기적으로 변화시킬 수 있는 깨달음의 사용하는 방법을 모른다.

　무엇인가를 깨닫는다는 것은 매우 큰 사건이다. 알지 못하면 변화도 없다. 변화가 있다는 것은 새로운 것을 추구하는 계기가 된다. 물론 깨닫는다는 것의 의미를 단순히 어떤 현상을 잘 이해하는 수준도 있지만, 완전히 해탈하는 깨달음과 같은 종교적인 깨달음도 있다. 깨달음은 세상의 본질에 대한 이해이다. 깨달음을 얻었다는 것은 그런 이해대로 살게 되었다는 것이다. 달리 표현하면 진리를 터득함이다. 진리에 대한 가르침은 많다. 기독교의 창조와 구원의 원리가 있고, 힌두교의 아트만이 브라만과 합일되는 윤회론, 사성제와 팔정도로 반야 및 열반에 도달하는 불교 등 여러 가지 주장이 있다. 각 종교 안에서도 분파되어 가르침의 내용은 매우 다양하다. 종교에 의존하지 않고 과학으로 세상을 탐구하는 사람들도 있지만 진리라고 표현하지는 않는다.

어떤 것이 진리인지를 판단하기는 어렵다. 그러나 그런 진리에 대한 요구가 생긴 원인은 동일하다. 생로병사에서 벗어나고 싶다는 것이다. 신선 되거나, 천국에서 영원히 살거나 우주와 합일이 되겠다는 의지를 말하는 사람도 있지만, 신선, 천국, 브라만이 무엇인지 알 수 없으며 알 수 없는 것을 구하는 것은 아무리 말이 그럴듯해도 무의미하다. 결국 진리가 필요한 것은 생로병사의 해결이다.

바위가 자기 형태를 유지하려는 힘을 발휘하지만 파도와 바람에 충격을 받아서 조각나고 사라지는데 이 과정을 의인화하거나, 사람의 통증을 화학 물질의 전달 과정으로 물질적 관점에서 본다면 모든 존재들은 생로병사라는 자연의 현상을 동일하게 겪고 있다. 그런데 인간만이 생로병사로 괴로워한다.

 지구는 어느 날 갑자기 '짠~'하고 나타난 것이 아니다. 다른 별들의 조각, 우주 먼지들이 뭉쳐진 것이다. 지구에 살고 있는 모든 동식물들 역시 짠하고 나타난 것은 하나도 없다. 지구에서 산소 농도나 물의 온도와 양에 문제가 생기면 동식물들은 급변을 겪게 된다. 지구 중력이 사라지면 생명체들을 전멸한다. 산소, 물, 중력 등은 모든 생명체의 공통 구성 요소이다. 지구에서 바다가 사라지면 식물은 대폭 멸종하고 먹이사슬로 이어진 동물들도 거의 멸종한다. 바다와 태양 역시 모든 생명체의 일부이다. 사람 신체의 내외에는 1만 종의 미생물이 공존하고 있고 그것들이 없으면 생명유지에 문제가 생긴다. 이렇게 모든 존재들은 상호 연결되어 있다. 어떤 한 순간이라도 독립적으로 고정될 수 있는 실체는 없으며 상호 연관된 연쇄 사건들의 진행 과정만 있을 뿐이다. 그러나 인간은 자연의 현상과 달리 짠하고 나타난 독립된 개체로써의 자아감을 갖고 있다. 그리고 인간만이 생로병사가 괴롭다고 생각을 한다.

 선각자들의 가르침에는 무념이라는 공통점이 있다. 불교처럼 직접적으로 그 개념을 사용하는 경우도 있고, 달리 표현하고 있더라도 결국은 무념을 의미하기도 한다.

완전한 믿음과 수용은 우회적으로 무념을 의미하는 것이다. 그들이 무념을 진리의 단초로 삼은 것은, 유념(생각)의 실체를 알게 된 것이기 때문이다.

다른 동물들과 달리 인간은 감각으로 환경과 세상을 파악하는 것이 아니라 생각으로 한다. 물론 인간도 감각으로 정보를 수집하고 자극받는다. 그러나 인간은 감각기관에서 1차로 수용한 정보들을, 기억과 대조하고 가공한 뒤 2차적으로 의식하는, 특화된 기관(器官)을 갖고 있다. 고도화된 뇌의 전두엽이다.

인류가 성공적으로 진화할 수 있었던 핵심 요인은 언어이다. 무리의 조직을 고도화하고 자연에 효율적으로 적응하는 노하우를 축적하며 전파할 수 있는 탁월한 수단이다. 인간의 뇌는 범주화와 추상화의 능력을 발휘하였고 책이라는 외부의 저장장치를 사용할 수 있게 되었다. 그런 과정을 거쳐 집단의식과 집단지성이라는 생각의 세계가 만들어졌다. 그것은 인류의 집단 뇌가 만든 가상현실 시스템이다. 가상현실이라는 것은 자연에 대하여 추상화되었을 뿐만 아니라 대체되었다는 것이다.

인과적인 사건들의 진행 현상인 인간 유기체에게 자아감을 갖게 하고, 동일성을 유지하라는 이성적이고 심리적인 명령이 생긴 것은 뇌의 언어 기능과 이를 뒷받

침하는 방대한 기억량과 감각 연합 기능 때문이다. 그것들은 개별 유기체의 뇌에서 자연적이고 독립적으로 발생된 것이 아니라, 학습과 모방의 과정을 통해 인류의 집단의식으로부터 이식당한 것이다. 목적은 개별 유기체들을 사회조직의 구성원으로 포함시키고 조직과 소통할 수 있도록 만드는 것이다. 세상에서 가장 늦게 등장한 뇌의 전두엽을 중심으로 작동된다.

생각은 인간 유기체의 개별적 도구가 아니라 인류의 집단의식 시스템이다. 그런 관점에서 본다면 전두엽은 개체의 유지보다는 사회 조직의 유지를 위해서 만들어진 기관(器官)이라고 볼 수도 있다. 모든 인간이 유전적으로 진화된 뇌의 구조를 갖고 태어나지만, 사회로부터 작동시스템을 이식받아야 제대로 기능할 수 있는 사회적 기관이다.

대부분의 사람들은 햇빛과 바람과 흙을 잊고 그 대신 기호와 상징으로 만들어진 일의 세계를 살고 있다. 수십 년을 반복해서, 볼트만 만들며 살고, 도로에서 운전을 하고, 컴컴한 지하갱도에 내려가 광물을 채굴한다. 자기 얼굴보다 2~3배 큰 모니터를 하루 종일 들여다보면서 자판을 토닥거린다. 주식거래시장의 전광판만 읽는다. 군인의 경우에는 사람 죽이는 훈련을 주로 한다.

대부분의 시간을 잠과 일로만 보낼 뿐, 삶은 없다. 볼트가 삶의 대상은 아니지 않은가? 그럼에도 대부분의 사람들은 삶을 살고 있다고 느낀다. 이 모든 것이 생각이 있음으로 가능해진 것이다. 인간은 자연과 별개로 구성된, 생각 세계라는 가상현실 시스템 속으로 들어가 자연과 유리된 관념적인 삶을 살게 된 것이다.

인간이 소통의 수단으로 사용하는 관념들 중에는 점, 선, 삼각형, 생로병사, 깨달음, 자유, 나, 열반, 귀신 등의 고도로 추상화된 관념들도 있다. 그 가운데 '나'라는 관념은 언어 행위의 주어로 등장하여, 모든 생각들에 사용되므로 가장 강력하고 명백한 힘을 갖고 있다. 생각의 세계 시스템은 그 구성요소인 '나'들이 사회에 집중하도록 동기를 부여하고 보상하는 장치들을 구비하고 있다. 가족, 행복, 책임, 욕망, 의무, 완벽, 노력, 건강, 장수, 성공, 돈, 권력, 사랑, 섹스 등이다. 그런데 이렇게 동원된 개념들은 효과만큼 부작용도 강해서 각 유기체들이 괴로움을 당하는 원인이 된다. 이 같은 고통으로부터 벗어나는 해탈을 위해 노력하여 나가는 것이 깨달음이다.

〈마음으로 보는 명상의 세계〉

　깨달음은 인간이라는 존재가 괴로움에 노출되어 있다는 것, 그것의 원인은 내면의 집착과 탐욕이라는 것, 그러한 괴로움은 극복될 수 있다는 것, 그것을 극복하는 길이 존재한다는 것이다. 깨달음은 결코 과시의 대상도 아니며, 단번에 성취될 수 있는 것도 아니다. 반드시 현실과 결부된 세상 속에서 나타나고 이루어진다는 사실을 알아야 한다.

2) 행복한 삶을 위한 지혜

 자신의 삶을 되돌아보고 새로운 가치를 찾아 자신의 본성을 느끼는 정진을 할 수 있는 기회를 가졌다는 것이 행복한 순간이다. 행복은 찾아 헤맨다고 찾아지는 것이 아니다. 행복을 위해 어떠한 노력을 하고 자신의 본성을 찾아 어떻게 인식을 하느냐의 마음의 상태가 매우 중요한 것이다.

 행복(幸福, 영어: happiness)은 자신이 원하는 욕구와 욕망이 충족되어 만족하거나 즐거움을 느끼는 상태, 불안감을 느끼지 않고 안심해 하거나 또는 희망을 그리는 상태에서의 좋은 감정으로 심리적인 상태 및 이성적 경지를 의미한다. 그 상태는 주관적일 수 있고 객관적으로 규정될 수 있다. 또한 행복은 철학적으로 대단히 복잡하고 엄밀하며 금욕적인 삶을 행복으로 보기도 한다. 한편 광의로 해석해, 사람뿐만 아니라 여러 생물에도 이에 상응하는 상태나 행동, 과정이 있을 수도 있다. 생물의 행복감에는 만족감의 요소가 가장 큰 비중을 차지하나 인간의 경우 만족감 외에도 다양한 요소가 행복감에 영향을 미친다.

 많은 사람들이 궁극적인 인생의 목표로 추구하는 것이

행복이다. 만약 자신의 생애가 행복했다면 그 사람은 성공한 인생을 산 것이다. 사전적 정의로는 욕구가 만족되어 부족함이나 불안감을 느끼지 않고 안심해하는 심리적인 상태를 말한다. 반대말은 불행이며, 고통이다. 행복을 추구하는 것은 대한민국 헌법에 보장된 권리다. 이는 제5공화국 시절 쓰이게 된 내용으로, 헌법에 '행복추구권'을 보장한 국가는 대한민국과 일본 밖에 없다. 행복이라는 것은 결국 인간의 욕구와 연관이 많이 되어 있다.

아리스토텔레스는 니코마코스 윤리학에서 인간이 사는 목적은 바로 이 행복 때문이라고 했다. 물론 좀 더 파고 들면 일반인들이 생각하는 행복과는 다른 점도 많은데, 아리스토텔레스는 행복을 그 자체로 추구되어야 할 것으로 보았으므로, 물질적 행복 및 당시 그리스에서 중요하게 여겨지던 명예 등은 타율성을 띠고 있는 것으로 보고 진정한 행복이 아니라고 보았다. 그가 말하는 진정한 행복은 관조와 중용 같은 비교적 정신적인 것들을 말한다. 행복의 기준은 지극히 주관적이며 사람들마다 다르다. 애초에 이건 자기 자신이 판단하는 것이지, 다른 사람이 판단할 수 있는 것이 아니다. 하지만 획일화되고 몰개성적인 집단중심의 한국사회에서는 다수의 행복의 기준에 부합하지 않는 다른 사람의 행복에 대해 부정하는 경향이 심하다. 예를 들어 출세해서 사회적 성공과 부를 거머쥔 사람은 행복할 것이라며 동경하지만, 공장에서 때를 묻히며 성실하게 사는 노동자를 가리켜서는 불행한 밑바닥 인생이라고 암묵적으로 바라보는 것이 그러하다. 하지만 부와 권력을 갖고 있으면서도 자살했던 사람들도 있었고, 평범한 공장 근로자로 살면서도 성실하게 가족들과 열심히 살며 만족해하는 사람들도 있음을 기억하자. 결국 행복은 남들이 대신 평가해주는 게 아니다.

하지만 그 와중에도 공통점이 있다. 행복하다는 건 자신이 원하는 대로, 감당할 수 있는 대로 감정을 느끼는 상태가 된다는 것이다. 행복을 과학적으로 연구하는 긍정심리학에 따르면 행복하기 위해서는 자신이 좋아하는 일을 하면서(몰입), 사랑하고 아끼는 사람들과의 지속적인 관계가 유지되어야 함(사회적 지지)을 이야기한다. 돈은 행복 그 자체를 만들어주기보다는 불안함을 없애줌으로서 행복한 삶을 도와준다고 한다. 물론 최소한의 경제적인 조건이 필요하지만, 먹고 사는 수준을 넘어서면 대체로 얼마나 부유하냐는 행복의 수준을 높이는 절대적 조건은 아니라고 한다. 하지만 특히 한국

사회는 행복을 물질로 환산하는 경우가 많아 문제점으로 꼽히고 있다. 특히 고유한 특성이 된 듯 매일 같이 낮은 행복 지수는 가난하면서도 행복 지수가 높다고 알려진 부탄 같은 국가들과 대비되어 선진국을 향한 주요한 논의의 대상이 되고 있다.

　행복감을 얻지 못하면 우울증에 걸릴 수도 있다. 그리고 다른 사람들의 관점에서 봤을 때 "저 사람은 행복할 것이다."라고 생각해도 정작 본인은 그렇지 않은 경우가 많다. 또한 욕심이 많은 사람은 자기 자신의 행복을 채워도 채워도 부족하기 때문에 행복하지 못하다. 이때는 어느 정도 욕심을 버리는 게 중요하다.

　왜 우리는 이 땅에 살고 있는가?, 우리는 무엇을 하고 있는가?, 어디서 왔는가? 죽을 때는 어디로 가는가? 이제 우리는 내면으로 눈을 돌려야 한다. 그리하여 참 삶을 살아야 한다. 그것을 위해서는 우리 자신부터 먼저 고통에서 벗어나야 한다. 죽기 전에 우리는 그것을 알아야 한다. 그렇다면 우리의 삶은 올바른 삶이 될 수 있다. 행복한 삶을 위한 바른 수행은 우리 자신을 이해하는 일부터 시작해야 한다. '나는 누구인가?'라고 묻는 것으로 참선수행을 해야 한다. 이 질문을 깊게 하게 되면 모든 생각이 끊어지고 생각 이전의 상태로 돌아오게 될 때 '눈뜸'의 경지라 할 수 있다.

무아의 경지에서 자신을 자연인 우주와 동일하게 하나로 만들 때 '깨달음'에 이르게 된다. 이렇게 우리 자신을 알게 되면 우리 자신을 찾을 수 있다. 가장 중요한 것은 '내가 누구인가?'라는 이 큰 의문을 어떻게 깊게 유지할 수 있는가 하는 것이다. 이러한 상태에서는 어떤 말이나 단어가 필요치 않다. 이것이 바로 '자신'을 깨닫는 것이다.

진정 행복해지기 위해서는 어떤 삶을 살아야 하는가? 어떤 것을 얻고자 하는 마음을 내려놓고 세상의 이치에 따라 자연에 순응하면서 살아가는 자세가 중요하다고 여겨진다. 흔히들 지혜로운 삶을 살아가면 행복할 수 있을 것으로 여겨지지만 '지혜'라고 하면 어떤 대상이나 내용 또는 실체가 있는 것으로 여겨진다. 그러나 지혜를 고정된 실체가 있는 것으로 안다면 그것은 큰 잘못이라는 것이다. 그리고 지혜를 통해 무엇인가 얻을 것이 있다고 여기는 것도 큰 잘못이라는 것이다.

이것은 우리가 정해진 틀에 갇히거나 얽매여 살지 말고 모든 집착을 벗어 놓고 우리의 삶을 자유자재하게 펼치며 살아야 한다는 것이다. 우리의 관념은 우리가 오랫동안 익혀온 업습(業習)에 의한 것으로 고정 불변하는 것이 아니다. 그렇기 때문에 우리의 삶은 마음 먹기에 따라 얼마든지 거듭 새롭게 태어날 수 있다. 한 물건을 두고도 바라보는 사람에 따라 그 값어치는 달라진다. 같은 물건도 내 심경의 변화에 따라 다르게 보이는 것이다. 조건에 의해 잠시 존재하는 것에 집착하여 거기에 스스로 사로잡히거나 갇히지 말아야 한다.

절대의 세계는 상대의 세계와 다른 별개로 존재하는가? 만약 절대의 세계가 상대의 세계와 별개로 존재한다면, 그것은 또 다른 상대적인 관계를 만들고 말 것이다. 저 절대의 세계는 이 상대 세계 속에 그대로 현현(顯現)하여 있는 것이다. 진리는 현상을 떠나 따로 독립해 있는 것이 아니다. 현상 속에 모든 이치가 온전히 녹아 있고, 이치는 여러 현상을 통해 드러나게 된다. 행복은 이러한 자연의 이치를 이해할 때 가능해 지는 것이다.

소크라테스가 너 자신을 알라라고 말하자 "그러시는 선생님은 당신 자신에 대해 아십니까?" "나도 잘 모른다. 하지만 나는 바로 '내가 모른다'는 것을 잘 알고 있다." 우리는 이 세상에 대해 많이 알고 있다고 생각하지만 정작 우리 자신, '나'에 대해서는 잘 모른다.

우리는 왜 이 세상에 태어났을까? 우리는 왜 사는가?

돈? 아니면 사랑? 혹은 명예를 위해서? 그런 것이 아니면 내 아내와 남편과 아이들을 위해서? 우리는 그저 행복하게, 소박하게 살고 싶다고 하지만 그 소망을 자세히 들여다보면 대부분 개인적인 만족을 위해 먹고 자고 살아간다. 그러나 이 모든 것은 진정한 삶의 목표가 아니며, 단지 일시적인 수단에 불과하다. 가장 중요한 삶과 죽음의 문제, 그리고 진정한 자기 자신에 대해서는 제대로 알지 못하면서 어떻게 진정한 행복을 누릴 수 있는가?

삶도, 죽음도 결국 따로 없다는 것을, 오고 가는 그 무엇도 없다는 것을 깨달고 '눈뜸' 때이다. 이러한 눈뜸은 주체적인 자각으로부터 가능하다. 자기 자신, 내가 이미 갖고 있는 본 성품, 바로 나로부터 시작된다. 그것은 나의 존재 그 자체에 대한 깊은 통찰이다. 안과 밖이 완벽하게 하나가 되며, 주체와 객체가 하나가 된다. 생각이 끊어진 자리에 분리가 없는 상태가 깨달음의 경지이다.

자 이제 다시 한 번 생각해 보자. "우리는 누구입니까? 태어났을 때 어디서 왔는가? 죽으면 어디로 가는가?" 이 질문들에 제대로 답을 할 수 있다면 우리는 진정한 삶의 길을 찾을 것이다. 그러나 대답할 수 없다면 뭇 짐승이나 다를 바 없다. 책이나 지식은 답을 찾는 데 아무런 도움을 줄 수 없다. 돈이 아무리 많아도 전혀 도움이 되지 않는다. 심지어 절대자에게서 도움을 받을 수 있는 영역이 아니다. 절대자에게서 도움을 받는 것은 영혼의 문제이다. 우리는 이미 수많은 종교적 가르침에 사로잡혀 있다. 그것들은 결국 '주체종교'와 '객체종교' 두 종류로 나누어지는데 주체종교란 그 어느 누구도 아닌 자기 자신을 믿는 것이고, 객체종교란 바깥의 초월적인 힘, 즉 이 세상과 우리 삶을 통제하는 어떤 강력한 힘, 즉 신을 믿는 것을 말한다. 사람들은 외부의 힘 혹은 절대적인 어떤 것을 믿으면 신비한 힘을 얻을 수 있다고 생각한다. 즉 행복과 특별한 에너지를 얻을 수 있다고 믿는다. 심지어 어떤 사람들은 기도나 수행을 통해 이를 이루고자 한다.

　예수님은 '나는 길이요, 진리요, 생명이다'라고 하였다. 불교 역시 진리로 향하는 길을 걸으며 참 나를 깨닫고 고통에 빠진 중생을 구하는 것이 목적이다. 이것이야 말로 인간으로 태어난 우리가 진정 깨닫고 해야 할 일일 것이다. 진정한 삶을 위한 진리는 무엇인가? 영혼을 구제할 수 있는 길은 무엇인가? 내 죄를 사하고 구제해 주고 거듭나게 하는 구도자를 찾고 깨닫는 방법을 알고 그 길을 갈 때 진정행복이 있을 것 같다. 우리는 행복을 세속의 즐거움에서 찾는 경우가 대부분이다. 참 행복을 지속적으로 느끼고 이어가기 위해서는 별도의 노력이 필요하다. 이런 노력은 명상이라는 방법으로 가능할 것이다.

3) 복 있는 삶

'복 있는 사람은 악인들의 꾀를 따르지 아니하며 죄인들의 길에 서지 아니하며 오만한 자들의 자리에 앉지 아니하고 ……(시 1:1-2),' 복 있는 삶을 위해서는 악인들과 함께 하지 말며, 죄인들과도 가까이 하지 않아야 함을 얘기하고 있다. 복 있는 삶은 나를 청정하게 하며 마음의 욕심을 비우고 삶을 철저히 할 때 가능할 것이다. 나는 어떻게 살 것인가? 사람들은 행복하기를 바라고 행복하기 위해 복을 받기를 원한다. 그러나 복은 받으라고 한다고 복을 받는 것이 아니다. 복 받고 싶다고 복 받는 것도 아니다.

하나님은 복 받는 사람이 되기 위해서 먼저 하지 말아야 될 일을 일러주고 계신다. 우리가 선한 삶으로 복 받는 사람이 되기 위해서는 늘 묵상으로 자신을 깨끗하게 유지해야 한다. 우선 악인들의 악한 꾀를 따라 살지 말 것을 얘기하고 있다. 우리의 모든 말과 삶은 생각에서부터 결정되어 진다. 무슨 생각을 하느냐가 어떤 사람이 되느냐를 결정한다. 악한 생각을 하면 악인이 된다. 선한 생각을 하면 선한 말을 하고 선한 삶을 살 수 있다. 복 있는 사람이 되려면 악한 사람들의 생각을 버리고 선한 삶들의 생각을 따라 살아야 한다. 두 번째는 죄인들의 길에 서지 말아야 한다. 죄인들의 길에 선다는 것은 죄를 짓는 삶을 사는 것을 의미한다. 죄악의 날을 즐기는 삶을 의미한다. 죄악의 삯은 사망이다. 죄에는 심판이 임한다. 그러므로 잘 될 수 없다. 죄는 인성을 바꾸고 세상을 바로보지 못하고 죄로 인해 자신에게 유리하게 합리화하여 세상을 보기 때문에 종국에는 세상으로부터도 소외되고 만다. 셋째는 오만한 자들의 자리에 앉지 말아야 한다. 죄를 짓고 회개하지 않는 것이 오만이다. 남을 무시하는 것도 오만이다. 남의 말을 듣지 않는 것도 오만이다. 종교적으로는 하나님을 믿지 않는 것을 가장 큰 오만으로 보고 있다. 이를 위해서는 겸손한 마음으로 마음을 청정하게 하고 기도를 하며 오만에서 벗어나야 할 것이다.

이제 청정한 마음으로 오만에서 벗어나 겸손해 지면 복 있는 삶을 지속할 수 있다. 복 있는 사람이 해야 할 일이 있다. 우선은 하나님의 말씀을 따라 묵상하며 살아야 한다고도 한다. 자신의 죄를 회개하고, 욕심과 오만에서 벗어나기 위한 묵상을 하며 청정한 마음을 가지면 행복해 진다. 두 번째는 의로운 생각과 계획을 가지고 사는 우리가 되어야 할 것이다. 의롭고 선한 생각을 하고 좋은 계획을 세우고 살아야 한다. 남에게 유익을 주고 도움이 되는 생각과 계획을 세워야 한다. 셋째는 이웃과 교제하며 죄를 회개하고 의롭고 선하게 삶을 지속해야 한다. 이웃과 교제하고 그들과 함께 이롭고 선하게 생활하면 복된 삶을 살게 된다. 마지막으로 늘 겸손한 마음으로 겸허한 자세를 가지고 살아야 한다. 죄를 멀리하고 의롭게 살아야 한다. 남을 나보다 낮게 여기는 겸손도 중요하다. 남의 좋은 말을 귀담아 듣는 것도 겸손이다. 죄를 멀리하고 남을 나보다 더 낮게 여기며, 남의 말에 귀 기울일 줄 아는 자로 살아야 한다. 최고의 겸손한 삶은 최고의 복을 받을 수 있다.

 우리는 살면서 수많은 일을 겪으면서, 좋은 일 잘못된 일에 직면하게 된다. 수많은 어려운 상황에서 좌절을 맞기도 한다. 하지만 이런 과정을 어떻게 극복할 것인가는 상황에 따라 차이가 많다. 가장 합리적이고 효율적인 결정은 무엇을 바탕으로 할 때 문제가 없을까? 자신의 욕심을 버리고 오만에서 벗어나 의롭고 선한 마음으로 대처 한다면 행복하고 복된 삶을 살 수 있다. 이런 복된 삶은 어떻게 가능할까? 방법은 묵상과 기도로 가능하다. 묵상을 통해 청정한 마음을 유지하는 것이 우선이다. 이와 같이 마음을 청정하게 지속하기 위해서는 체계적인 명상을 통해 마음을 안정되게 유지하는 것이 우선이다. 명상하는 방법이 많이 소개되고 있으나, 자신을 바라보고 회개하면서 시작해야 한다는 것을 중히 여기지는 않고 있다.

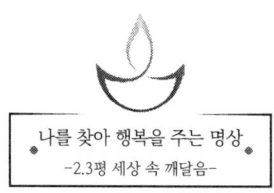

5. 행복을 위한 명상

1) 명상(meditation)의 이해

명상이란 '고요히 생각에 잠기는 것' 혹은 '고요히 생각을 가라앉히는 것'이라는 의미를 담고 있다. 이 말은 영어 메디테이션(meditation)을 번역하는 과정에서 고안된 것이다. 즉 '깊숙이 생각에 잠겨 있는 상태'를 가리키는 라틴어 메디타리(Meditari)에서 유래했다고 한다. 현대 사전에 나타나는 설명 또한 '깊이 생각하는 것(to think seriously or deeply)'과 '특정한 대상에 주의를 고정하고 유지하는 것(to fix and keep the attention on one matter)'이라는 두 가지 의미가 있다. 다소 의아해 할 수 있지만 명상은 서구적 전통에서 유래한다. 명상의 용어적 해설과 실제 명상은 서구적인 것으로 소개되고 있으나 출발은 동양에서 시작하였다. 최근 이러한 명상이 동양적인 시원에 대해 많은 연구가 일어나고 있으며, 일명 요가라는 것으로 단순히 신체적 효능에 집중하고 있다. 실제로는 동서양을 떠나 인간의 깊은 영혼의 문제를 다루는 영역으로 명상을 더 깊게 이해하고 바라보는 관점이 더 강하게 인식되고 있다.

처음 명상을 행할 때에는 의도적으로 특정한 생각을 일으켜 마음을 집중해 나가지만, 명상이 무르익어 충분히 몰입된 상태가 되면 생각 자체가 저절로 멈추게 된다는 것이다. 즉 명상이란 '특정한 생각을 일으켜 거기에 몰입하고 마침내는 생각 자체가 멎는 상태에 이르게 하는 것'으로 요약할 수 있다.

(1) 동서양의 명상

서구 전통에 따르면 명상이란 신의 은총에 의해 신과 직접적으로 만나는 체험을 지향한다. 그런데 이것을 나타내는 또 다른 용어로 관상(觀想, contemplation)이라는 말이 있다. 명상과 관상은 종종 혼용되기도 하지만, 일반적으로는 전자는 후자의 상태를 이끌어내기 위한 과정으로 묘사된다. 관상이란 라틴어 컴(cum, with)과 템플럼(templum, a consecrated place)의 합성어로 '명상의 실천에 의해 얻어진 신성한 영적 상태(spiritual state)'로 설명된다. 특히 유일신 전통에서는 이것을 '신의 은총에 의해 드러난 신비로운 축복의 비전(vision)을 누리는 상태'로 부르고 있다.

한편 동양 전통의 선정(jhana)은 내면의 동요가 가라앉은 평정의 상태를 목적으로 한다. 요가에서는 동요가 가라앉은 상태로 얻어진 마음의 경지를 삼매라고 한다. 즉 동양적 전통에서는 번뇌에 물든 마음을 가라앉히는 것이 일단 중요하다. 선정 혹은 명상이란 바로 그것을 실행에 옮기기 위한 방법이며 삼매란 그 결과로 얻어진 상태를 가리킨다.

서구 전통에서는 생각이 멈춘 경지를 의미하는 삼매란 단순히 무기력한 상태로 오해될 여지가 있다. 동양적 전통에서는 관상이란 신과의 만남을 의미하는 들뜬 상태로서 무언가에 홀려 있는 상황으로 오해될 여지가 있다. 관상을 체험한 사람은 주객의 대립이 사라지고 자아의 느낌이 완전히 사라지는 무아(無我)의 상태가 나타난다고 언급하고 있다. 이러한 사실은 동서양이 상이한 전통에 속함에도 불구하고 완전히 다른 것으로

취급될 수 없다는 것을 의미한다.

명상은 동서양 모두에서 자신들의 고유한 종교적 가르침을 내면화하기 위한 수단으로 계승·발전되어 왔다. 물론 거기에는 교리적·형이상학적 입장의 차이가 엄연히 존재 한다. 특히 서구의 경우 인격적 유일신을 전제로 하는 반면에, 동양의 경우는 그러한 존재를 인정하지 않는 무신론적 경향이 강하다. 그러나 동서양의 전통은 현실의 유한성을 인정하고 그것을 넘어선 경지의 획득을 목적으로 한다는 점에서 공통적이다. 즉 명상의 실천을 이기적 자아 관념의 해체에 결부시킨다는 점에서 소통이 가능하다. 명상이란 자기 본위적인 사고의 족쇄로부터 벗어나 궁극의 실재에 도달하기 위한 실천적 행위로 정리할 수 있다.

(2) 명상과 종교 전통

명상관련 가르침은 인류 정신사를 통해 계속되어 왔으며, 시대와 장소에 따라 각기 다른 방식으로 구체화되는 과정으로 이어져 왔다. 이들에 대해서는 각자의 독특성을 고려하여 유형별로 구분하는 것이 가능하다. 특히 세계의 주요 종교 전통을 명상이라는 테마에 결부시켜 이해해 보는 것은 흥미로운 일이다. 오늘날 까지

전해지는 주요 종교들의 실천 양식을 특징별로 구분하면 세 가지 분류로 분별해 볼 수 있다. 내향적 명상, 외향적 명상, 중도적·초월적 명상으로 분류해 볼 수 있다.

내향적 명상이란 일상에 대한 반성을 특징으로 한다. 이것은 앞서의 '고요히 생각한다(to think seriously).'라는 명상 유형이다. 내향적 명상은 현실 삶에서 도덕적·윤리적 반성을 강조하는 경우라 할 수 있다. 예컨대 유교에서는 특정한 형식에 구애됨이 없이 스스로에 대한 성찰을 중요시 한다. 일상에 대한 반성을 통해 자신을 다스리고 이것을 기반으로 인간의 보편성을 추구한다. '모든 악을 짓지 말고 온갖 선을 받들어 행하라.'는 초기불교의 윤리적 가르침에서도 살펴 볼 수 있는 내용이다.

외향적 명상의 전형적 사례로는 기독교·유태교 등의 유일신교의 전통에서 잘 나타나고 있다. 이들 전통에서는 절대적 존재에게 귀의하는 방법론적 특징이 부각된다. 외향적 명상에서는 기도의 의례적 행위가 수반되는 것이 일반적이다. 외향적 명상은 절대적 존재에게 몰입하는 특징을 지니는 동시에 바로 그 속에서 자신의 의미를 실현하고자 한다는 점에서 공통적인 면모를 지닌다. 거기에는 절대적 존재와의 관계, 즉 믿음의 문제가 무엇보다도 중요한 덕목으로 부각된다.

마지막으로 중도적·초월적 명상은 일상적인 사고의 지평 자체로부터 벗어나는 것을 목적으로 한다. 즉 번뇌에 물든 사고와 정서에 매이지 않는 상태를 말하며, 망상과 아집으로부터 벗어나는 것을 일차적인 목적으로 하고 있다.

(3) 명상 잘하는 방법

어떻게 하면 명상을 잘할 수 있을까? 명상에 관심을 둔 사람이라면 당연히 품어 보았을 것이다. 명상이란 '잘 쉬는 방법'이라고 할 수 있다. 즉 무엇을 하자는 것이 아니라 쉬자는 취지이다. 아무것도 의도하지 않고 있다 보면 자연스럽게 있는 그대로의 사실에 눈을 뜨게 된다는 맥락이다. 경험하거나 떠오르는 모든 현상들을 그대로 인정하고 수용할 수만 있다면 그것으로 충분하다. 어쩌면 명상이란 더 이상 아무것도 해야 할 일이 없다는 것을 깨닫기 위한 것일지도 모른다.

우리 인간은 현재를 살아간다. 따라서 눈으로 보고 귀로 듣는 일상에 대해 좀 더 생생한 태도로 접근할 필요가 있다. 그렇게 할 때 비로소 일할 때에는 일하고 쉴 때에는 쉬는 유연함이 길러질 수 있다. 마음지킴은 과거와 미래라는 상상의 세계로부터 인간의 마음을 현재로 되돌리는 역할을 한다. 즉 숨 쉬고 있다는 사실, 이야기를 하고 있다는 사실에 대해 분명한 의식을 갖는 것이 마음지킴이다. 마음지킴이란 지금 이 순간 경험하거나 떠올리는 현상을 있는 그대로 인정하고 수용하는 것이다.

마음지킴의 실천양상은 '의지적인 노력'에서 '자연스런 흐름'으로 넘어간다고 할 수 있다. 처음 명상을 익힐 때에는 결연한 태도로 마음지킴을 해야 한다. 즉 호흡이나 느낌 따위에 대해 전력을 다해 집중해야 한다. 따라서 명상이 무르익은 단계에서는 마음지킴을 한다는 생각마저 내려놓고 한 걸음 물러날 필요가 있다. 이 때에는 부정적·긍정적 자극들에 흔들리지 않는 관조적 거리 두기가 필요하다. 명상은 괴로움을 덜어내는 방향으로 나가야 하며, 성숙한 삶과 행복 증진에 보탬이 되어야 한다. 이것이 충족되지 않는다면 그러한 명상을 과감히 거부해야 한다.

2) 명상(meditation)을 위한 자세

명상은 순수한 영혼을 바라보기 위한 것이다. 이것은 내면 깊은 곳으로 걸어 들어가는 행위이다. 명상은 심리치료의 대표적인 기법이다. 자기의 내면 안에 있는 사고와 의식을 구체적으로 살펴보는 것이며 나아가서는 내적 각성을 통해 존재의 근원에 다가서도록 하는 것이다. 우리 생명체 속에 자리 잡고 있는 우주의 근원을 '진아(眞我, Purusa)'라고 하는데, 인간의 지식과 지혜도 진아에 의해 만들어진다고 볼 수 있다. '진아(Purusa)'란 외적 사상에 좌우되지 않는 참된 자아를 말한다.

우리가 명상을 하는 것도 '참된 나'를 깨달아 무명의 고통으로부터 벗어나기 위한 것이다. 명상은 자신에 대한 전인적인 이해를 돕고 자기통제에 접근할 수 있는 통로 구실을 한다. 명상의 깨우침은 의식의 진화 과정 속에서 자신을 객관적으로 바라보는 능력을 키워주고 자발적인 사랑과 기쁨을 만들어준다. 또한 감정 에너지를 조절할 수 있게 되어 다른 사람을 배려하고 인정하는 능력까지 만들 수 있다. 그래서 명상은 인간의 탐욕을 벗고 넓고 평화로운 세상과 내가 하나임을, 그것이 영원한 자유임을 알게 해주는 과정이다.

〈명상의 기본자세〉

 명상은 일반적으로 마음을 닦는 행위를 가리킨다. 의미를 좀 더 넓혀 몸이나 호흡을 닦는 행위도 포괄하는데 이는 몸이나 호흡을 다스리는 것도 결국은 마음을 제대로 닦기 위한 것이기 때문이다.
 명상법이 육체와 정신의 건강에 효과가 있다는 것이 과학적으로 밝혀지면서 사람들이 종교의 틀을 벗어나

명상의 보편적인 효율성을 인정하기 시작하였다. 더욱이 명상을 통하여 세계의 더 깊은 모습을 볼 수 있고 나아가 존재의 본질을 깨칠 수 있다. 건강한 몸, 건전한 정신, 깨어있는 영혼은 행복한 삶을 위하여 누구에게나 필요한 것이다. 뿐만 아니라 명상을 통하여 건전한 대인관계를 유지할 수 있고 작업의 효율성도 높일 수 있다. 명상이란 모든 사람들에게 필수적인 삶의 기술이다.

〈노을의 편안함으로 마음 챙김〉

2) 명상을 위한 마음수행

○ 두 가지 마음

이 세상의 모든 사물과 현상은 마음이 만들어 낸 것이다. 우리가 하는 생각과 말, 행동도 마음에서 비롯된다. 현재 우리의 삶은 과거에 우리가 한 생각과 말, 행동으로 지은 죄의 결과가 현실로 나타난 것이다.

- 미움도 마음에서 비롯된다. 미움을 마음에 새기지 않으면 미움은 이내 사라진다.
- 바른 생각을 지닌 사람은 허망한 것을 쫓지 않는다.
- 선을 행한 자는 이 세상에서도 죽은 후에도 그로 인해 행복하다.

○ 부지런함

부지런함에서 자유가 나오고 생기가 돈다. 명상하는 것은 마음을 고요히 하고 집중하면 통찰력이 생긴다. 육체적 쾌락이나 헛된 욕망을 쫓지 말고, 부지런히 마음을 닦아라. 더 큰 자유와 평화를 얻게 된다. 자신을 다스리기 위해 노력하는 사람은 어떤 유혹이나 세파에도 휩쓸리거나 흔들리지 않는 굳건한 지혜의 성을 쌓고 있는 것과 같다.

○ **지혜로운 마음**

 지혜로운 자는 항상 마음을 곧게 갖는다. 몸은 오래가지 않으니 하나를 깨우쳤다고 이에 만족하여 안주하거나 머물지 말고 계속해서 정진해야 한다. 그릇된 마음을 항상 경계하라. 모든 잘못은 마음으로부터 비롯된다. 마음에는 한계가 없다. 연민이나 자비심은 가족, 이웃, 인류를 넘어 우주 만물에 까지 뻗칠 수 있다.

○ **하늘의 삶 같은 꽃**

 참된 진리를 배우고 수련한 수행자가 결국 진리를 터득하게 된다. 사람의 욕심과 쾌락은 한도 끝도 없다. 훌륭한 사람은 타인의 허물을 들춰내기 보다는 그가 잘한 것을 드러내어 칭찬한다. 생각과 말이 행동으로 옮겨지지 않으면 아무 쓸모가 없다. 덕의 향기는 아래로는 사람들의 마음속 깊은 곳에 닿고, 위로는 하늘에 까지 닿는다. 덕은 사나움보다 더 강하고, 보석보다 더 빛난다. 덕을 지닌 자는 사리분별이 깊어 힘으로도 물질적으로도 유혹하거나 굴복시킬 수 없다.

○ **어리석음 벗어나기**

 모든 사람은 깨달을 수 있는 능력은 있으나, 이를 깨닫지 못하고 반복된 삶을 이어가고 있다. 이 몸도 내 것이 아니다. 영원히 변치 않는 '나(자아)'도 없다. 나도 없고, 내 몸도 내 것이 아닌데, 무엇을 내 것이라 소유할 수 있으랴. 깨달음은 '지혜'에서 비롯되고, 지혜는 무지에서 벗어난 상태를 말한다. 이 세상에서 가장 큰 적은 바로 나 자신이다. 어리석은 사람은 스스로를 망치게 될 몹쓸 짓을 마음대로 한다.

○ **지혜로운 사람**
  내 잘못을 지적하고 꾸짖어 주는 지혜로운 사람을 만났거든 그를 따르라. 인생을 살면서 나보다 나은 이를 만나거든, 겸손히 배우고 따르라. 그가 바로 스승이고 본 받아 배우고 따라야 할 사람이다. 지혜로운 사람은 자기 자신을 다룬다. 어질고 현명한 이는 헛된 욕망을 버렸기 때문에 아무리 괴로운 일이 벌어져도 평소처럼 똑같이 말하고 행동한다.

○ **깨달은 사람**
  자유의 경지는 물질적인 재물뿐만 아니라 온갖 정신적인 그 어떤 상에도 메이지 않는 텅 빈 허공과 같은 것이다. 욕심을 버리면 자기를 길들일 수 있다. 욕심이 없는 사람은 티 없고 맑고 깨끗한 호수와 같고, 바람과 같아 걸림이 없다. 바른 지혜로 깨달음과 절대 평화에 이른 사람의 마음과 말, 행동은 지극히 고요하기만 하다. 이 세상에서 가장 뛰어난 사람은 누구일까? 바로 깨달음을 찾은 사람이다.

○ 천 가지 보다 한 가지가 중요

　쓸모없는 천 마디 말보다 들어서 마음에 평화를 주는 단 한 마디의 말이 보다 낫다. 자기를 정복한 이가 가장 뛰어난 사람이다. 항상 남을 존경하고 윗사람을 공손히 대하라. 아름다움과 건강, 행복, 장수가 따른다. 낳고 죽음의 이치를 모르고, 모든 사물이 생겨나고 사라지는 이치를 모르고, 영원히 변치 않는 자아가 없다는 진리를 모르고 사는 것은 아무런 의미가 없다. 최상의 진리, 즉 궁극의 깨달음은 생과 사를 초월한다.

○ 악마로부터 탈출

　좋은 일은 아끼지도 게으르지도 미루지도 말라. 마음은 벌써 악을 즐기게 된다. 몸과 마음에 흠결이 없도록 항상 잘 보호하라. 악에 물들지 않으면 악이 어찌할 수 없다. 선행의 열매가 무르익으면 복을 받는다. 죄는 인과법칙과 비슷하다. 많은 재물을 싣고 가는 상인이 동행이 적으면 위험한 길을 피하듯 생명을 아끼는 사람이 독을 피하듯 모든 악행은 피해야 한다.

○ 폭력으로부터 탈피

네 생명을 아끼듯 남의 생명을 소중히 여기라. 나와 남이 다르지 않고, 나와 남이 별개가 아니다. 우주 만물이 하나로 연결되어 있듯이 우리는 하나다. 늙고, 죽어가는 것을 두려워 마라. 이는 보다 나은 새로운 삶을 살 수 있는 기회이기도 하다. 삼가 하여 살아 있는 것들을 해치지 마라. 욕망도 끊어 버려라. 스스로 겸손하고 참을 줄 알고, 부끄러움을 알면, 비난 받지 않는다.

○ 몸의 애착을 버려라

이 몸에 대한 애착보다는 마음을 갈고 닦아라. 젊음과 아름다움은 잠시 뿐 이 육체는 곧 먼지가 되고 만다. 젊었을 때 부지런히 살라. 세월을 헛되이 보내지 말고, 방탕하지 말라. 늙고 기운이 쇠약해진 후 지난 날을 후회한들 무슨 소용이 있으랴.

○ 자기 자신을 사랑하라

자신을 다스리면, 좋은 스승을 발견하는 것과 같다. 좋은 일을 하고 옳은 길을 가는 것은 쉽지 않지만, 그 열매는 달다. 세상이 어지러워지는 것은 우리가 옳지 않은 길을 가기 때문이다. 나보다 나은 사람을 함부로 비방하지 마라. 그들은 나의 스승이지 비난의 대상이 아니다.

○ 세속에 너무 빠지지 말라

 악을 따르지 말라. 게으름을 피우며 생각 없이 살지 말라. 그릇된 견해에 끌려가지 말라. 세속에 너무 빠지지 말라. 우리가 잘못을 저지르는 이유는 이 몸에 집착하고, 이 세상에 집착하기 때문이다. 중요한 것은 과거가 아니라 지금이다. 만약 과거에 잘못을 저질렀다면, 선한 행동으로 이 잘못을 덮도록 노력하면 된다. 기회가 주어진다는 것은 얼마나 다행스런 일인가?

○ 깨달은 이

 깨달은 이는 욕망이나 그 어떤 유혹의 그물에도 걸려들지 않는다. 인간으로 태어난 것도 행운이고, 인간으로 태어나 바른 진리의 가르침을 듣는 것만으로도 정말 크나큰 행운이 아닐 수 없다. 하루에 10분씩만이라도 깊은 명상에 빠져보라. 마음이 가라앉으며 지혜가 떠오른다. 진정한 기쁨은 욕망, 갈애, 집착과 애착이 소멸할 때 비로소 온다.

○ 큰 행복

 미워하는 사람들 속에서 살지만, 미움을 버리고 아무도 미워하지 말고 즐겁게 살자. 미워하는 사람들과 함께 있어도 미움에서 벗어나 살자. 건강은 가장 큰 선물이고, 만족은 가장 큰 재산이다. 믿음은 가장 귀한 벗이고, 대 자유는 가장 큰 행복이다. 어리석은 자와 함께 어울리지 말라. 그로 인해 큰 괴로움이 따른다.

○ 쾌락을 자제

삶의 목표도 없고, 뜻 있는 일도 하지 않고, 해야 할 일도 하지 않고, 쾌락만 쫓는 사람은 자신의 안녕을 내팽개치는 것과 같다. 사랑하고 미워하는 것도 모두 집착이다. 사랑하는 사람은 못 만나 괴롭고, 미워하는 사람은 만나서 괴롭다. 애착에서 근심이 생기고 애착에서 두려움이 생긴다. 애착에서 벗어난 사람은 근심이 없는데 어찌 두려움이 있으랴.

○ 분노를 버려라

욕먹은 사람도 칭찬할 일이 생기고, 칭찬을 받은 사람도 욕먹는 일이 생길 수 있다. 몸, 말, 마음이 성냄을 조심하고, 억제하라. 몸, 말, 마음으로 죄를 짓지 않게 하고, 선을 행하라. 지혜로운 이는 몸을 억제하고, 말을 삼가고, 마음을 억제 한다. 지혜로운 이는 잘 억제하여 자신을 지킨다.

○ 더러운 짓을 삼가라

무지는 때가 묻어도 때 묻은 줄 모르고, 죄를 짓고도

죄 지은 줄 모른다. 모든 때는 바로 무지에서 비롯된다. 사람들아 이를 알라. 자제할 줄 모르는 것은 악덕이다. 탐욕과 부정으로 인해 기나긴 고통을 받지 말라. 남의 허물을 들춰내어 항상 불평하고 나무라는 사람은 번뇌가 없어지기는커녕 점점 늘어난다. 허공에는 길이 없고, 외도에는 구도의 길이 없다. 이 세상에는 영원한 것이 없고, 깨달은 사람에게는 흔들림이 없다.

○ 정의 실천

강제로 목적을 달성하려는 것은 정의가 아니다. 옳음과 그름, 이 두 가지를 잘 분별하는 이는 현명하다. 말보다 중요한 게 실천이다. 머리가 아니라 몸으로 실천하는 것이다. 가장 중요한 것은 형식이나 고행이 아니라 마음이 번뇌를 끊어내는 것이다.

○ **작은 것을 버리고 큰 즐거움을 얻어라**

조그만 쾌락을 버림으로써 큰 즐거움을 얻을 수 있다면, 지혜로운 이는 보다 큰 즐거움을 바라보고 조그만 쾌락을 기꺼이 버린다. 신뢰와 덕을 지니면서 명성과 번영을 누리는 사람은 어느 곳에서나 존경을 받는다. 어진 사람은 멀리서도 빛이 나지만, 사악한 사람은 가까이에서도 알아보기 힘들다.

○ 고통으로부터의 탈출

 거짓말을 하는 자는 고통을 겪는다. 어떤 행동을 하고서도 "나는 그런 짓을 하지 않았다"고 시치미를 잡아떼는 자도 고통 속에 산다. 이 두 사람은 죽은 후 저 세상에서도 똑 같은 짓을 한다. 쾌락은 잠시고, 죄는 오래 간다. 죄를 죄로 알고 죄 아닌 것을 죄 아니라고 아는 바른 생각을 가진 사람들은 좋은 곳에 간다.

○ 참고 인내를 단련하라

 가장 좋은 것은 자신을 길들이는 것이다. 이것이 가장 훌륭한 일이다. 돼지가 되어 즐거워하기 보다는 사람이 되어 슬퍼하리라(소크라테스). 예전에는 제 좋아하는 대로 원하는 대로 기분 나는 대로 살았다면, 이제라도 마음을 다잡고 마음을 추스르도록 하라. 다시 시작하라. 삶은 바꿀 수 있다.

○ 욕망을 자제하라

 방탕한 자는 욕망을 찾아 이 세상에서 저 세상으로 끝없이 방황을 거듭한다. 의심하지 말고, 모든 집착과 애착과 쾌락을 내려놓으라. 그리하면 영원히 산다. 욕망으로부터 해방되는 것은 스스로 길을 찾아야 한다. 스승이라 하더라도 다만 그 방법만 일러줄 수 있을 뿐이다.

○ 평안을 찾는 명상의 자세

 눈을 자제하는 것은 좋은 일이고, 귀를 자제하는 것도 좋은 일이다. 코를 자제하는 것은 좋은 일이고, 혀를 자제하는 것도 좋은 일이다. 몸을 자제하는 것도 좋은 일이고, 말을 자제하는 것도 좋은 일이고, 생각을 자제하는 것도 좋은 일이고, 모든 것을 자제하는 것은 좋은 일이다. 지혜가 없는 자에게는 깊은 명상이 없고, 깊은 명상이 없는 자에게는 지혜 또한 없다. 지혜와 깊은 명상을 모두 갖춘 사람은 절대 자유에 가까이 있다. 스스로 자신을 일깨우라. 스스로 자신을 되돌아 살펴보라. 이와 같이 자신을 지키고 반성하면 그대는 평안하게 살게 되리라.

○ 깨달은 자의 명상

 명상은 마음에 녹이 스는 것을 닦아내는 일이다. 명상을 하지 않으면 마음이 녹슨다. 자신을 위한 쾌락과 남을 해롭게 하는 마음을 억제하라. 그리하면 고뇌하는 마음도 없다. 이 세상에서 자신의 생사의 고통이 다 끝난 줄 아는 사람은 욕망도 번뇌도 없다. 이렇듯 무거운 짐을 벗어 놓고 초연해지는 사람을 깨달은 자라 한다.

○ 모두를 사랑하는 자세

　정욕 때문에 세상에서 썩어질 것을 피하여 신성한 성품에 참여하는 자가 되어야 한다. 삶을 사는 자세는 덕, 지식, 절제, 인내, 경건, 형제우애, 사랑을 실천하는 새사람으로 거듭날 수 있도록 노력해야 한다.

3) 명상 수련 방법

　명상의 처음 목표는 잡념을 제거하는데 있어야 한다. 풀어야할 문제를 풀지 못하고서는 중심에 들 수 없다. 자기에게 닥친 모든 문제는 자기가 풀 수 있게 되어 있다. 자기가 주인공이기 때문이다. 하지만 자기가 주인공임을 알지 못하면, 그래서 남의 탓 때문에 문제가 생긴 것이라고 여긴다면 절대 풀 수 없다. 문제를 잠시 밀쳐놓을 뿐, 그런 문제는 점점 커져서 급기야 문제에 짓눌려 삶을 더 살지 못하는 상황이 오고야 만다.

　모든 문제는 내 의식이 좁기 때문에 생긴다. 마음이 좁다. 감정에 매인다. 일상의 세계에 휘둘린다. 그럴 때 문제가 만들어지고 문제가 커지면 점점 더 붙들려 헤어나기 어려워진다.

- 자신의 삶에 대한 진지한 반성으로 시작한다.
- "미안합니다.", "용서하세요.", "고맙습니다.", "사랑합니다."

그래서 먼저 내 삶에 주어진 것들을 살펴야 한다. 명상에 들어가기 위해 외부의식을 가라앉히면 아직 몰입이 되지 않았다 해도 어떤 것을 붙들고 있었는지, 어떤 것에 마음을 두고 있었는지 다 나타난다. 내가 당면한 문제, 풀어야할 것, 마무리 지어야할 것들 살펴보고 답을 구해가야 한다. 문제를 찾아가노라면 평소 미처 인식하지 못하고 있던 문제도 드러난다. 언젠가는 문제를 일으킬 것들을 사전에 찾아낸다. 암세포 조기 발견과 같다. 조그만 균열이 생길 때 보수하면 쉬운 것처럼 조기에 발견하면 쉽게 해결한다.

보통 좋지 않은 기억, 괴로운 것, 끔찍한 것, 보기 싫은 것, 그런 것들은 그냥 잊고 싶어 하고 버리고 싶어 하고, 덮고 싶어 한다. 물론 그렇게 되긴 한다. 늘 할일이 많기 때문에 담아두기도 쉽지 않기도 하고, 떠올리면 힘들어지기 때문이다. 그러나 어떤 체험이든, 어떤 기억이든, 어떤 것이든 한번 일어난 것은 절대 버릴 수 없다. 버려봤자 '나'의 영역 속이기 때문에 한쪽에 밀쳐

났을 뿐이다. 그렇게 밀쳐놓고 덮어놓고 잊어버리고 있으면 우선은 괜찮지만 삶의 과정은 펼쳐진 탁한 마음을 모두 합일하여 본래의 순수로 돌아가는 데 있다. 그 때문에 숨겼거나 버렸거나 덮어두었던 모든 마음은 다 드러난다. 마음이 마음으로만 드러나면(생각이나 꿈 등) 문제없을 듯하지만, 숨은 마음은 항상 현실로 드러난다.

 마음이란 밭과 같고 어떤 느낌, 생각, 체험 그런 것들은 씨앗과 같기 때문이다. 그래서 때가 되고 조건이 맞으면 싹이 나듯이, 적절한 시기가 되면 드러나게 되어 있다. 즉 어떤 상황을 일으키게 되어 있다. 두려움의 씨앗을 뿌렸다면 두려움을 겪는 상황이 괴로움의 씨앗을 뿌렸다면 괴로움을 겪을 어떤 상황이 생긴다. 괴로움을 겪게 하자면 한동안 아주 즐거운 시간을 겪게 해야 하기 때문에 괴로움의 씨앗을 뿌리고 나면 한동안은 즐겁게 된다. 남의 것을 강탈해서 즐겁게 쓸 수 있지만 그로부터 자라나는 괴로움의 씨앗은 감당하기 어려울 정도로 괴로움이 무성하게 된다.

 곧 명상이란 자기 마음 밭으로 들어가서 밭에 뿌려진 씨앗을 살피는 작업이다. 즉 내 안에서 일어나는 마음의 움직임을 알아차리고, 그 움직임의 근원을 찾는 과정이다. 우울, 슬픔, 분노, 욕심 등 온갖 욕구와 마음의 움직임이 어떻게 왜 일어나는지, 그것을 분명히 알게 되면 심어야할 것은 심고, 심을 필요가 없는 것은 심지 않는다.

〈마음 챙김을 위한 준비〉

 세상에 나타난 모든 것은 근원에서 이루어진 것인바, 근원에서 살펴서 필요하다 하지 않다를 결정하면 거기서는 다 사라지게 할 수도 있고, 더 잘 자라게 할 수도 있다. 그 것이 명상의 중요한 점 중 하나다.

4) 무지개(Rainbow) 명상 프로그램

무지개 명상 프로그램은 자신을 반성하고 회개하며 참 나를 찾는 마음 챙김 명상을 통해 스트레스 탈피와 행복 찾아 가는 것이다. 더욱이 자신의 삶의 질을 높이고 가치 있게 도와주는 정신력을 키워 주는 수련이다. 아래의 7단계를 통해 명상을 반복하면서 궁극의 평온을 찾고, 행복을 지속적으로 이어 가는 수련을 반복해 간다면 건강한 삶을 영위해 갈 수 있을 것이다. 먼저 마음을 안정시키고, 자신을 되돌아보는 마음으로 시작한다.

우선 거짓을 버리고 참된 것을 느낀다. 분노하여 죄짓는 마음을 내려놓는다. 도움을 필요로 하는 사람에게 사랑으로 도움을 주는 마음을 갖는다. 나쁜 말을 하지 않고 너그러운 마음으로 대하는 법을 느낀다. 즉 원한과 격분, 분노와 폭언 같은 악의를 버리고 너그러운 마음을 느낀다. 바른 지식을 깨닫고 의로워지고, 거룩한 사람이 되고자 하는 마음을 갖는다. 자신을 반성하고 회개하는 마음으로 준비한다.

(1) 무지개명상 프로그램(Rainbow Meditation program) 수행과정

- Rest(마음 안정) : 마음을 안으로 집중하여, 잠시 잠깐 대상에 머물고 명상을 준비하는 단계

- Attention(집중력 유지) : 좀 더 집중하여, 대상에 오래 머물면서 산란한 틈을 없애는 과정으로 집중력이 더 커가는 단계

- Interest(흥미롭게 집중 유지) : 대상에 밀접하게 고정되어 있는 상태이며, 집중대상을 놓치지 않고 산란함이 없는 단계

- Nest(마음을 길들여 둥지 틀기) : 마음이 길들여지고 안전하게 둥지를 틀어 가는 과정이며, 미세한 혼침으로 산란하지 않도록 주의하며 힘찬 정지력(正知力)으로 성취하는 단계

- Begin(마음의 평화 시작하기) : 마음이 완전히 평화롭기 시작하는 과정이며, 혼침도 제거하기 시작하는 즐거운 단계

- Object(몰입 달성) : 몰입으로 강한 흔들림 없이 집중하는 상태이며, 끊어짐 없이 마음을 안정시켜 나가는 단계

- Wait(안정적으로 명상 유지) : 평등하게 지속적으로 대상에 고정시켜 나가는 과정이며, 약간의 노력만으로 원하는 시간만큼 대상에 머무는 단계

(2) 건강해 지는 명상 요령

 명상은 먼저 **자세**와 **호흡**과 **의식의 자연스러움** 세 요소가 잘 맞아야 한다. 그런 후 몰입과 밝아짐과 마음 살핌이 되어야 한다. 무지개 명상을 통해 마음을 다스리고 건강한 마음을 유지하면서 육체적인 건강을 유지하는 또 다른 명상을 응용하여 실행하면 건강을 지속적으로 유지할 수 있다.

가. 자세

 몸을 좀 풀어준 다음, 척추를 바로 세우고, 머리도 바로 세워 무게 중심이 쏠리지 않도록 앉는다. 평소 기대앉는 습관이 되어 있다면 허리 세우는 작업이 긴장을 일으킨다. 그럴 땐 등받이 의자나 벽에 살짝 기댄다.

똑바로 자세를 잡았다면 매우 약간만 보조해주어도 자세가 잡힌다. 등을 세운 후 두 팔은 무릎에 올린다. 그래야 무게 중심이 잘 잡힌다. 등받이 의자에나 어딘가에 편히 기대면 명료하게 깨이지 않고 잠이 올 수도 있다. 어깨에 힘이 들어갈 수 있는데, 어깨를 가볍게 들썩여보아 아무런 힘도 들지 않게 해준다. 눈에 힘이 들어갈 수 있는데 역시 눈에 힘을 꽉 주었다 풀어주길 반복하거나, 눈을 45도 상향으로 부릅뜨고 한 점을 3분간 집중 응시한 후 눈이 아파올 때 눈을 감으면 눈물이 약간 나면서 눈의 긴장이 풀어진다. 이외 신체 어떤 부분이든 긴장이 들어가 있으면 안 된다. 몸을 좌우로, 앞뒤로 돌리거나 움직여보아 긴장이 다 풀렸음을 확인하고 시작한다.

눈은 감아도 좋고 안 감아도 좋다. 눈을 감으면 내면의 집중이 쉬우나 잡념이 잘 올라온다. 잡념을 올라오게 해야 하지만 처리능력이 준비되어있지 않으면 멍상하는 내내 혼란에 빠진다. 잡념이 많이 올라오면 명상 시간을 30분 정도로 해서 괜찮아지면 점차 시간을 늘린다.

눈을 뜨고 하면 내면의 집중이 느려지지만 잡념이 잘 올라오지 않는다. 하지만 자칫 보이는 것이 '보이는 잡념'이 될 수 있다. 눈은 가볍게 아무 힘도 들지 않게 뜨도록 하고, 눈에 힘을 완전히 빼고 보이는 그대로 놔둔다. 초점 범위를 맞추지 않는다. 거울에 비추듯이 그저 자꾸자꾸 전체시야가 되도록 한다. 어느 틈에 보이는 것과 보는 자와 일체되어 있음을 느낀다. 그럴 때 보이는 모든 세계는 이전에 보아왔던 것과는 전혀 다른 세계임을 알게 된다.

나. 호흡

숨을 들이마실 때 긴장이 되고, 내쉴 때 이완이 된다. 명상에 들어갈 때는 내쉬는 시간을 늘린다. 들이마실 땐 조금 넉넉하게, 내쉴 땐 되도록 느긋하게 내쉰다. 그렇다고 호흡이 부자연스럽거나 억지로 하는 듯 하면 안 된다. 저절로 일어나는 호흡에 약간의 마음만 더하여 자연스러움을 잃지 않을 정도까지만 한다. 호흡의 크기 깊이는 이를 반복할수록 여유로워 진다.

명상자세를 잡으면 맨 먼저 크게 숨을 마시고 크게 내쉬길 세 번한다. 허리를 제치고 팔을 벌리면서 마시고,

팔을 모아주면서 허리를 숙이면서 내쉬면 더 효과적이다. 이때 마실 때는 코로 더 이상 마실 수 없을 때까지 마시고(우주를 다 마실 것처럼), 내쉴 때는 입으로 더는 내쉴 게 없을 때까지 내쉰다(몸이 다 사라질 것처럼). 그렇게 세 번을 반복한다.

그런 후 입은 가만히 닫고, 숨을 쉰다. 이때 가급적 아랫배로 숨을 쉬는 듯 한다. 단전호흡을 하면 효율적이다. 숨은 코로 들어오겠지만 코로 마신다는 생각을 하지 말고 몸 전체가 숨을 마신다고 생각한다. 사실 숨쉰다는 생각조차 하지 않는 것이 좋다. 숨을 내쉴 땐 자연스러움을 잃지 않는 한 천천히 내쉰다. 숨을 내쉴 때 의식적으로 심신이 다 가라앉게 한다. 떠올라 있던 마음이 깊이 가라앉는다. 가라앉는다하고 속으로 되뇌이면서 암시를 걸면 더 잘된다.

누워서 잠에 들어가는 상태가 앉은 자세에서도 되어야 한다. 그렇게 할 때 눕는다면 의식활동이 그치기 때문에, 곧 잠속으로 들어갈 것인데, 앉아 있기 때문에 잠속으로 들어가는 순간 외부의식은 잠에 빠지지만 잠시 잠깐 만에 내부의식이 일어나면서 비몽사몽 중에 마치 꿈과 같은, 혹은 현실 같은 세계가 다시 펼쳐진다. 호흡의 역할은 이렇게 심신을 모두 이완하게 하여 외부의식에서 내부의식으로 교차되게 돕는다.

다. 의식의 자연스러움

내부의식세계는 현실세계의 뿌리가 되는 세계다. 마음의 온갖 움직임이 일어나는 곳이다. 현실에서는 생각할 수도 없는 일들이 마음에서는 일어나고 있다. 건축디자이너나 자동차디자이너들의 마음에서는 실제 건축물이 되거나 실제 자동차가 되기 어렵다 해도 자기 마음세계에서는 구름위에, 바다 속에 투명한 비누 방울 같은 집(겉에선 속이 안 보이고 안에서는 밖이 잘 보이는 식)을 짓거나 하늘과 땅과 바다를 마음대로 내달리고, 필요에 따라 크게도 하고, 작게도 하면서 연료비 걱정, 주차걱정 조금도 없는 그런 차를 디자인한다거나 할 수 있다.

이처럼 마음의 세계는 현실에 드러내지 못하는 온갖 가능성이 무한 무수 무량하게 들어 있다. 그 때문에 마음의 세계에 들어가면 희한한 광경을 보거나 떠오르기도 한다. 여기서 어떤 상황이 일어난다 해도 그 모두를 자연스럽게 볼 수 있어야 한다. 마음이 흔들리거나 어떤 감정이 일어난다거나 하면 아직 명상에 들어갈 자세가 안 된 것이고 아직 명상에 들어갈 때가 아니다. 평소 어떤 사건이든 상황이든 자연스럽게 바라보는 훈련을 먼저 해야 한다. 곧 감정으로 부터 자유로워지기 위한 노력을 먼저 해야 한다.

라. 몰입

몰입이란 외부의식세계로부터 완전히 벗어나 내부의식세계로 진입하는 것이다. 감정을 바탕으로 활동하던 자아가 완전히 잠을 자고, 감정이전 마음의 밑바탕에 있는 자아가 깨어나는 것이다. 명상에서의 몰입은 공부하는 학생이 공부에 몰입할 때의 몰입과는 차원이 다르다. 공부의 몰입은 몰입을 닮은 집중이다. 명상의 몰입은 말 그대로 평소에 떠 올라있던 자기가 다 가라앉아 깊은 내면의 의식세계로 들어가는 것이다. 이런 몰입이 되지 않으면 그저 잠시 마음을 가라앉히거나 차분하게 하는 시간은 될지언정, 명상이 되지 않는다. 눈을 뜨고 명상할 때도 보는 대상에 집중하는 것이 아니라, 보는 대상을 지극히 자연스럽게 그냥 눈에 들어오게 놔둠으로써 보이는 모든 세계로부터 벗어나는 방법을 쓰는 것이다. 그 또한 몰입의 방법이다. 명상을 시작하여 몰입에 들어가는 시간은 명상을 반복할수록 빨라진다.

만일 명상을 안 해 봤다면, 몰입해 본적이 없다면 처음부터 몰입이 잘되지는 않는 것이 자연스러움이다. 대금 같은 악기를 배울 때 처음부터 소리를 잘 내는 사람은 없다. 오늘도 내일도 꾸준히 불고 또 불면서 그 중심의 소리를 내려고 지속적인 노력을 할 대 제대로 소리 나기 시작한다. 본래 명상세계는 사람이 저절로 들어갈 수 있게 되어 있지만 세상의 온갖 지식이 그 통로를 막고 있기 때문에 지금은 의식적으로 그 장애를 뚫고 길을 닦는 노력을 해야만 한다. 만일 하루에 두 시간씩 줄기차게 노력한다면 대체로 2개월 이내에 몰입에 이르게 된다.

마. 밝아짐

몰입에 들어가 있으면 내부의식이 깨어나면서 현실과 조금도 다름없이 밝아지는 세계가 펼쳐진다. 곧 선명한 꿈을 꾸는 상태가 된다. 마치 아침이나 낮처럼 의식이 뚜렷이 깨어있는 상태가 된다. 이 상태가 되지 않으면 명상이 되지 않는다. 이때 그 밝은 마음을 느끼고 있으면 나타날 것이 저절로 나타난다, 마음에 숨기고 있던 것, 억압하고 있던 것, 풀지 못했던 것, 무엇이든지 다 나타난다. 대개 한꺼번에 나타나는 것이 아니라 하나씩 나타난다. 이때 나타나는 사물이나 존재는 현실보다 훨씬 더 선명하다. 아무리 시력이 나쁜 사람이라도 그 세계에서는 최고의 시력을 발휘한다. 의식적인 주밍(Zuming)도 가능하다. 자연스러운 마음의 준비가 되어 있다면 자세히 보고 싶다면 얼마든지 자세히 보인다. 수십만 배 전자현미경 그 이상도 가능할 정도다. 하지만 대개 의식에서의 준비가 안 되어 있기 때문에 미처 그런 의지를 내지 못한다.

이렇게 밝아짐의 세계에 들어오면 가장 먼저 마음에 일어나는 것들의 원인과 메시지를 알아차려야 한다. 호랑이가 나타나면 왜 나타나는지, 돼지가 나타나거나 돼지와 관련된 일이 생기면 왜 생기는지, 용이 보이면 용이 어떤 자세를 취하는지, 무엇을 하려는지 있는 그대로 본다. 왜 그렇게 나타나는 건지 이유를 생각할 정도가 되면 좋다. 밝아짐에서 의식의 차원이 상당히 깨어나야 가능하다. 어느 정도 되면 보이는 순간 저절로 이유가 알아진다. 자기에게 정확한 해몽이 그 즉시 일어난다.

사람의 뇌파, 활동은 일상의 리듬에 싸여있다. 몰입이 계속 지속되지 않는다. 보통 1시간 30분 정도를 기준으로 깊이 들어갔다가 빠져나오게 된다. 다만 의식적으로 계속 머물러 있고 싶다할 경우 다시 시간이 연장된다. 잠을 자다가 꿈꾸다 깨어났을 때, 꾸던 꿈을 다시 꾸려고 맘먹고 자면 그 꿈이 연속되는 것과 같은 식이다.

바. 마음 살핌

이런 밝아짐의 세계에 들어갈 때 가장 중요한 것은 자기 자신이 이 우주의 주인공이라는 사실, 자기 자신이 주인공이라는 사실을 잊어버리면 안 된다. 완벽한 감정의 주인이 되어서 마음을 살필 수 있어야 한다. 그렇지 못한 상태에서는 밝아짐의 세계에 들어가서 뭔가를 보는 순간 감정이 동요함을 느낄 수 있고 자칫 어떤 감정에 완전히 매이는 수도 있다.

그래서 감정으로부터 자연스러울 수 있는 훈련을 평소에 부지런히 해야 한다. 그렇다고 감정에 무감각한 사람이 되어야한다는 것은 아니다. 감정에 빠질 때는 깊이 빠지되 감정으로부터 벗어날 때는 가차 없이 벗어날 수 있을 정도로 감정의 주인이 되어야 한다는 말이다. 사람의 내면세계는 '의식'이라 이름 한다. 의식세계는 가운데가 비어 있고, 그 빈 곳 둘레로 감정과 생각이 있고, 그 감정 둘레에는 세상 지식의 영역으로 판단과 결정과 생각이 있다. 가장 중심 빈 곳이 주인공의 자리이고 생각의 근원이다. 그자리가 깨어나기 전에는 그 바깥 감정에 있는 생각이 활동하고, 그 활동은 밖으로의 행동을 위해 판단과 결정의 생각이 이어받아 마무리 짓는다.

그런데 감정에 빠져 생각하거나 지식의 영역에서 생각해서는 마음의 뿌리를 보기 어렵다. 드러난 것만 봐서는 뒷북치는 셈이 되어 마음을 다잡지 못한다. 그러나 몰입하여 밝아진 세계에 들어가면 감정의 가장 밑바닥 세계로 들어가기 때문에 마음이 일어나는 모든 모습을 살필 수 있다. 이때 그 모든 것들의 주인공이 바로 나 인 것을 결코 잊지 않는다면, 그래서 어떤 일이 일어나도 나의 모습이고, 나의 균형 잡음이고, 나의 조화를 위함이라는 사실, 또 나의 성숙을 위한 현상임을 잊지 않는다면 초연할 수 있고, 그에 담긴 메시지를 알아차릴 수 있다. 마음이 현실로 드러나지 않고도 마음의 뜻을 다 이룰 수 있는 것이다.

〈명상을 위한 공간〉

　사람의 마음엔 정말 많은 것들이 쌓여 있어 하루아침에 다 살필 수 없다. 씨를 뿌려도 봄이 가고 여름오고 가을이 와야 수학을 거두고, 그것도 한 번에 최고의 상태가 되지 못하여 또 씨앗을 내어 겨울을 보내고 계절을 맞이하길 충분히 반복하면서 무르익어야 한다.

나를 찾아 행복을 주는 명상

2.3평 세상 속 깨달음

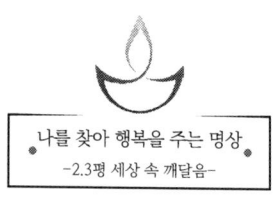

나를 찾아 행복을 주는 명상
-2.3평 세상 속 깨달음-

6. 명상을 하면 무엇이 좋아질까?

1) 명상은 행복을 가져다주는가?

 명상이란 메디타티오(Meditatio)라고도 불리며, 본연의 순수한 내면의식으로 몰입하는 것을 말한다. 내면의식은 생각과 의식의 보다 근원적 부분으로 명상은 자신의 내적인 세계를 탐험하는 행위이다.
 명상이란 생각을 멈추는 것이다. 생각을 멈추고 쉬면 내면의 자리 잡은 마음은 고요해지며, 본래의 자리로 돌아간다. 더 나아가서 명상이란 생각을 비우는 것이다. 오랫동안 신경을 쓰지 않으면 소복이 먼지가 쌓이듯 빡빡하게 들어 차있는 의식을 비우면 순수한 의식만이 남게 된다. 마음을 휘젓는 온갖 생각들을 버릴 때 마음은 고요해 진다. 명상은 침묵을 지키는 것이다. 생각이 행동에 영향을 주듯 행동도 생각에 영향을 준다. 침묵의 순간 들끓던 생각이 잦아들고 휘몰아치던 감정이 조용해지면서 자연스럽게 명상의 상태에 들어서게 된다. 명상은 완전한 몰입이다. 특정 대상에게 몰입하여 집중을 이루는 것도 명상이고, 자신의 행위의 순간에 온전히 몰입하는 것 또한 명상이다.

명상이란 뇌파 중, 세타파(각성과 수면상태 사이의 파장)를 활성화 시키는 상태를 말한다. 직관적인 깨달음이 발생하거나 통찰, 창의적 생각이 발현될 때 세타파는 발생되며 인지기능을 높일 뿐만 아니라 신체의 능력도 올려준다고 한다. 피로, 고통, 공포 등의 감정이 사라지고 쾌감이 뒤따르게 해 주는 이 세타파는 명상을 통해서 발생되며, 명상수련을 오래 한 사람은 특별히 명상을 하지 않아도 세타파가 나온다고 한다.

그래서 우리에게 명상이란 무엇인가? 지구 역사상 가장 수준 높은 물질문명을 누리고 있는 우리이지만 안타깝게도 행복지수는 높은 물질문명만큼이나 높지 않고 있다는 것이다. 인구 97%가 행복 하다고 하여 놀라움을 안겨준 '부탄'이라는 나라를 보면 우리의 행복이 경제

성장, 물질충족에 있지 않다는 것을 알 수 있다. 이렇듯 사람들은 행복을 추구하며 살아간다고 하지만 목적을 위한 삶이 아닌 수단을 위한 삶을 살아가는 경우가 많다. 오늘을 살아가는 현대인들에게 명상이란 무엇인가? 스트레스, 획일화에 따른 창의성 저하, 인성문제… 등 수단을 추구하며 살면서 생긴 문제들을 해결하고, 심신을 단련하여 궁극적으로 자아실현을 하는 도구이다. 결국 명상은 우리가 건강하게 행복해지는 방법이다.

2) 명상의 뇌과학

2006년 1월 초 뉴욕타임즈를 비롯한 미국의 주요 언론에는 티벳불교의 지도자 달라이 라마에 대한 흥미로운 기사가 실렸다. 달라이 라마가 신경과학회(The Society for Neuroscience) 2005년 정례 학술발표회에서 '뇌의 가소성'이라는 제목으로 기조연설을 했는데 강연의 요지는 명상 수련을 하면 뇌에 변화가 일어난다는 것이었다. 심오한 정신의 세계와 신경과학 같은 첨단 분야가 만남을 가졌다는 것이다.

명상에 관한 과학적 연구가 활발해진 것은 1993년 미국 국립보건원(NIH) 산하의 대체의학연구소(OAM)에서 명상 연구에 공식적으로 연구비를 지원한 이후부터다. 2009년 한국을 방문한 미국 하버드대 의대 크리스토퍼 거머 교수는 "마음챙김(mindfulness)이라는 불교의 명상 수행법이 미국에서 심리치료에 널리 확산돼 있으며 심리치료가의 40% 이상이 이 명상법을 쓰고 있다"고 말했다. 미국에서는 매년 명상 관련 논문 1,200여 편이 심리학이나 의학 학술지에 발표되고 있다.

(1) 명상에 따른 뇌파의 변화

명상을 하면 뇌에 변화가 일어난다. 뇌의 활동은 기본적으로 전기적 활동이다. 뇌에 자극이 오면 뇌속에 있는 신경세포들은 전기적 펄스를 낸다. 이러한 펄스가 모여 특정한 형태로 나타난 것을 뇌파(EEG)라고 부른다. 뇌파는 수백만 개의 뇌세포가 보여주는 활동이 합쳐진 파형으로 5가지 유형이 있다. 과학자들은 뇌파의 변화를 통해 마음의 변화를 유추할 수 있다고 말한다.

초당 1~4의 주파수를 보이는 매우 느리고 불규칙한 뇌파가 델타(δ)파다. 델타파는 잠을 잘 때 나타나는 수면파다. 초당 4~8의 느린 주기를 보이는 뇌파인 세타(θ)파는 각성과 수면 사이를 반영한다. 흔히 세타파가 우세할 때 사람들은 깊은 통찰력을 경험하기도 하고 창의적인 생각이나 문제해결력이 솟아나기도 한다. 세타파는 유쾌하고 이완된 기분과 극단적인 각성과도 관련이 있고 동시에 어떤 일을 수행하겠다는 의도성과 관련이 있는 뇌파다.

초당 8~13의 주기인 알파(α)파는 안정 상태 때 나타난다. 쾌적하고 마음이 편안할 때 보이는 뇌파가 바로 알파파다. 초당 13~30의 주파수를 가진 베타(β)파는 대체로 눈을 뜨고 생각하고 활동하는 동안 나타나는 뇌파다. 정상적 인지기능이나 불안 또는 흥분과 관련된 정서상태 또는 각성상태일 때 나타나는 뇌파가 베타파다. 쉽게 말해 생각이 많거나 걱정을 할 때 베타파가 두드러진다. 초당 40 정도의 빠른 주파수를 보이는 감마(γ)파는 깊은 주의집중이 이뤄질 때 또는 자비심을 가질 때 특징적으로 잘 나타난다.

위에서 언급한 뇌파 가운데 특히 명상하는 동안 나타나는 뇌파가 세타파다. 오랫동안 명상을 수행한 사람은 명상을 하지 않는 평소에도 세타파를 쉽게 보여줄 수 있다. 다시 말해 임의대로 세타파를 낼 수 있는 것이다. 일반인들도 어떤 통찰이나 창의적인 생각이 일어나는 순간 세타파를 경험한다.

실험에 따르면 어려운 문제에 시달리고 있다가 해결책이 발견되는 순간 세타파가 일어난다고 한다. 즉 세타파 발생은 어떤 통찰이나 직관적 깨달음이 일어날 때 나타나는 현상이라고 할 수 있다. 한편 세타파의 출현은 뇌속에서 일산화질소(NO)라는 신경전달물질이 발생하는 것과도 밀접한 관련이 있다고 알려져 있다. 명상은 세타파를 발생시켜 인지기능을 높여주는 것 외에 신체적 실행능력도 탁월하게 발휘할 수 있도록 해준다. 운동 경기에서 대기록을 수립한 사람들은 경기 도중 명상과 비슷한 무념무상의 상태에 이른다고 한다. 즉 세타파가 발생해 고통, 피로감, 실패에 대한 공포감 등 온갖 생각이 사라지고 최고 경지의 쾌감만이 뒤따른다고 한다.

최근에는 기능적자기공명영상(fMRI) 장치가 활용되면서 명상이나 이완, 또는 일반적인 휴식상태에서 일어나는 두뇌 활동의 실체를 실시간으로 밝힐 수 있게 됐다. 즉 fMRI는 특정한 순간 뇌의 여러 부위로 혈액이 흘러가는 모습을 정확하게 보여줌으로써 순간순간 뇌의 어느 부위가 활동하고 있는가를 알아볼 수 있게 해 준다.

미국 하버드대 의대 내과 허버트 벤슨 박사팀은 집중명상 때 나타나는 '안정과 동요'라는 심리적으로 서로 모순되는 상태가 어떻게 뇌속에서 일어나는가를 fMRI를 통해 밝혔다. 집중명상이란 특정한 대상에 정신을 집중한 채 수행하는 명상법이다. 안정과 동요 현상은 명상도중 통찰이 일어날 때 더욱 두드러진다. 즉 과거부터 지속돼 오던 정신적 또는 정서적 타성이 깨지는 순간 촉발된다는 것이다. 집중명상으로 통찰에 이를 때 나타나는 fMRI 데이터를 분석해보면 뇌의 전반적인 활동성은 줄어들지만 혈압, 심장박동, 호흡의 조정과 관련된 뇌 부위의 활동성과 주의집중, 공간-시간 개념이나 의사결정과 관련이 있는 뇌 부위의 활동성은 오히려 증가해 있다.

이처럼 명상하는 동안 평소 머리를 아프게 해 오던 난제가 풀리는 통찰적 상황이 일어나면 뇌 대부분의 활동은 줄어들지만(잡념이 줄어든다는 뜻), 주의나 각성을 담당하는 뇌 부위나 평화와 이완감을 담당하는 뇌부위의 활성은 오히려 증가하므로 '안정과 동요'의 상황이 일어난다.

(2) 명상하면 좌뇌 전두엽 활성화

사람들이 불안이나 분노, 우울과 같은 불쾌한 감정을 느낄 때 활성을 보이는 뇌 부위는 편도체와 우측 전전두피질이다. 반대로 낙천적이고 열정에 차 있고 기력이 넘치는 긍정적 감정상태에 있을 때는 좌측 전전두피질이 활기를 띠게 된다. 미국 위스콘신대의 리처드 데이비슨 박사는 평상시 좌우 전전두피질 사이의 활동성을 비교하면 개인의 기분 상태를 쉽게 알아볼 수 있다고 생각했다.

다시 말해, 오른쪽 전전두피질이 활발해지면 불행과 고민이 많아지고, 왼쪽 반구가 활발해지면 행복해지고 열정에 찬다는 것이다. 극단적으로 오른쪽 전전두 쪽으로 활동성이 기울어져 있는 사람은 임상적으로 우울이나 불안장애를 보인다.

데이비슨 박사는 1만~5만 5,000시간 명상수행을 해온 티베트 승려 175명을 대상으로 fMRI를 촬영한 결과 한 사람의 예외도 없이 좌측 전전두엽의 활동이 우측 전전두엽에 비해 우세함을 발견했다. 이처럼 오랜 명상수행은 뇌의 활동성을 바꿔놓아 행복한 마음의 세계로 인도한다.

보통 사람들도 명상을 하면 좌측 전전두엽의 기능이 우세해지고 우울감이 행복감으로 바뀐다는 연구 결과가 있다. 미국 하버드대 의대의 심리학자 사라 라자 박사팀은 법관과 언론인 등 지식인을 대상으로 하루 40분씩 짧게는 2달, 길게는 1년 정도 명상을 하게 했다. 그 결과 이들은 스트레스가 감소돼 기분이 좋아지고 사고가 명료해졌다고 대답했다. 또 어려운 상황에 놓여도 흔들리지 않고 주의 초점을 잘 유지할 수 있었다. 흥미롭게도 fMRI로 조사한 결과 자비심과 행복감을 담당하는 뇌 부위가 0.1~0.2mm 더 두꺼워진 것으로 나타났다. 명상으로 뇌의 구조까지 바뀐 것이다.

미국 매사추세츠의대 존 카밧진 박사는 명상의 마음챙김에 기반을 둔 스트레스 감소 프로그램(MBSR)을 개발했다. 집중명상이 특정 대상에 주의를 모으는 것과는 달리 명상의 마음챙김은 지금 이곳에 나타나는 그 무엇이든, 그것이 소리이든 신체 감각이든 나타나는 그것에 초점을 두고 알아차린다. 즉 감각 경험에 대한 생각보다는 감각 경험 그 자체에 주의를 기울인다. 마음속에 어떤 생각을 일으키기 않고 오직 지금 이곳에 나타나는 것만 살피기 때문에 불필요하게 자신을 힘들게 하지 않는다.

카밧진 박사는 하루 3시간 1주일 간격으로 8주 동안 행하는 프로그램을 스트레스가 심한 한 생명공학 회사의 직원들에게 실시했다. 피험자들은 그 전에 명상에 관해 전혀 알지 못한 초보자들이었다. 마음챙김 명상을 수련하기 전 이들은 심한 스트레스를 받고 있다고 불평했고 실제 감정 결정점이 오른쪽으로 기울어져 있었다. 그러나 프로그램이 끝날 무렵 이들의 감정은 긍정적인 영역인 왼쪽으로 옮겨갔고 동시에 기분도 개선됐다. 그 결과 하는 일에 열정적이고 불안 없이 참여할 수 있었다고 보고했다.

또 하나 유익한 발견은 명상이 면역기능도 강화시킨다는 점이다. 즉 마음챙김 명상을 한 사람들을 대상으로 독감 바이러스를 주사하고 난 뒤 혈액 속에 형성된 항체의 양을 조사한 결과 명상을 하지 않은 사람보다 더 많은 것으로 나타났다. 또 독감에 걸리더라도 명상을 한 사람들이 증세가 가벼웠다. 이는 감정의 결정점이 왼쪽 전두엽 쪽으로 많이 기울어진 사람일수록 면역수치가 더 높다는 결과와 일맥상통한다.

최근 미국 UC데이비스의 클리포드 샤론 박사팀의 연구 결과에 따르면 명상은 수명에도 영향을 미치는 것으로 보인다. 염색체의 말단에는 텔로미어란 부분이 있다. 세포가 분열하면 텔로미어가 점점 짧아지는데 결국 사라지면 세포는 더 이상 분열하지 못하고 죽는다. 그런데 세포는 텔로미어의 단축을 지연하는 수단을 갖고 있다. 텔로머라제라는 효소다. 텔로머라제 유전자가 활성화되면 짧아진 텔로미어를 복구해 노화를 늦출 수 있다.

연구자들은 3개월 동안 하루 6시간씩 집중적으로 명상을 한 집단과 명상을 하지 않은 집단의 텔로머라제 활성을 비교했다. 그 결과 명상을 한 집단의 텔로머라제 활성이 평균 30% 더 높았다. 연구자들은 명상이 스트레스를 낮춰 세포노화를 늦춘 것이라고 해석했다.

(3) 뉴로피드백으로 명상 쉽게 한다

1929년에 독일의 한스 베르거가 발표한 뇌파는 인간의 뇌 활동상태를 보여주는 중요한 생체신호다. 뇌파는 정신 활동 상태에 따라 크게 델타파(1~4Hz), 세타파(4~8Hz), 알파파(8~13Hz), 베타파(13~30Hz), 감마파(30~120Hz)로 구분한다.

델타파는 깊은 수면 상태에서 발생되는 뇌파이다. 세타파는 일반적인 수면 상태에서 발생되는 뇌파이고 꿈을 꿀 때의 기본 뇌파다. 알파파는 쉬고 있을 때 나오는 뇌파로 의식이 깨어 있는 상태에서 눈을 감고 휴식을 취하고 있을 때 강하게 나온다. 베타파는 학습처럼 뇌가 어떤 정신 작업을 하고 있을 때 나오는 뇌파다. 감마파는 뇌의 여러 부분에 흩어져 있는 정보들이 조합돼 인지작용이 발생했을 때 나타나는 뇌파다.

뇌파는 이렇게 정상적인 정신 작용에 따라 그 진동이 빠르거나 느려진다. 만일 그렇지 않으면 뇌의 기능이 비정상이라는 의미다. 예를 들면 주의가 산만한 주의력결핍증(ADD) 환자는 뇌파가 정상인에 비해 느리다. 지능이 낮은 경우 역시 느리다. 또한 질병에 따라 다양한 특성의 뇌파가 나타난다. 예를 들면 간질은 3Hz 뇌파가 강하게 나타난다. 자폐나 정신지체, ADD나 ADHD(주의력결핍 및 과잉행동장애), 치매 등은 모두 세타파가 아주 강해진다. 우울증은 우뇌가 좌뇌보다 뇌파의 진동이 더 빨라진다. 이렇게 정상적인 뇌와 비정상적인 뇌는 뇌파에서 분명한 특징을 나타내기 때문에 뇌파를 측정하여 뇌의 이상 여부를 판단할 수 있다.

만일 비정상적인 뇌의 리듬을 조절해 정상적인 리듬으로 바꿀 수 있다면 뇌의 기능도 정상이 될까? 일반적으로 뇌의 리듬처럼 자율신경계가 조절하는 몸의 기능은 우리가 통제할 수 없는 것으로 알려졌다. 그러나 미국 예일대의 밀러 박사는 내장이나 심장의 근육처럼 우리 의지로 조절할 수 없는 근육(불수의근)이나 자율신경계도 조건에 따라 우리 의지로 조절이 가능하다는 사실을 1950년대에 발견했다.

이렇게 불수의근이나 자율신경계를 우리 의지로 제어하는 기술이 바로 바이오피드백(biofeedback)이다. 특히 뇌파를 통제하는 바이오피드백 기술을 신경이란 의미의 접두사 뉴로(neuro-)와 결합해 뉴로피드백

(neurofeedback)이라 부른다.

뉴로피드백은 질병 치료 목적으로 널리 쓰이고 있지만, 다른 한편에서는 명상과 같이 인간의 내면세계를 밝히는 데에도 적용됐다. 명상시 나타나는 뇌파의 특징은 알파파와 세타파가 강해지면서 진동이 느려지고 감마파가 증가한다는 것이다. 특히 명상 수련을 오래한 사람일수록 세타파와 감마파가 강해진다. 하지만 이런 수준까지 가기 위해서는 오랜 기간 집중적으로 수련해야 한다.

명상과 같은 깊은 의식 상태를 유도하는 뉴로피드백 방법은 2가지로 '알파/세타 뉴로피드백'과 '감마 뉴로피드백'이 있다. 1970년대 엘머그린 박사는 다년간 인도 요가가들의 뇌파를 연구하면서 깊은 명상상태에서는 알파파와 함께 세타파가 크게 증가함을 발견했다. 그 뒤 뉴로피드백을 이용해 알파파와 세타파를 활성화시키면 쉽게 깊은 명상 상태에 빠질 수 있다는 것을 발견했다.

보통 눈을 감은 상태에서는 알파파가 지배적인 뇌파가 되는데 알파/세타 뉴로피드백 훈련을 받으면 세타파가 알파파보다 강해지는 현상이 나타난다. 그 결과 마치 명상상태처럼 깊은 안정과 평화로움, 치유효과가 일어난다. 또 세타파의 증가로 나타나는 몰입과 창의성, 기억력, 인지능력의 증가는 뇌의 능력을 향상시키고 최적화하는 효과를 가져온다. 알파/세타 뉴로피드백이 음악이나 무용 같은 예술적인 표현능력의 향상에도 효과가 있다는 사실이 최근 밝혀졌다.

한편 감마파는 뇌의 여러 부분에 흩어져 있는 단편적인 정보를 서로 통합해 인지하도록 한다고 알려져 있다. 따라서 숙련된 명상 수행자들에게서 보이는 감마파의 증가는 인지작용과 주의각성상태의 강화를 의미한다고 볼 수 있다. 그러나 감마파를 강화시키는 뉴로피드백을 통해 명상의 의식상태를 이룰 수 있는지에 대해서는 아직 잘 모른다.

최근 루빅 박사팀은 명상수행자와 일반인들에게 감마 뉴로피드백을 시키고 주관적으로 어떻게 느꼈는지 조사했다. 그 결과 두 집단 모두 '행복하다'와 '사랑스럽다'는 느낌에서 가장 높은 점수가 나왔고, '스트레스를 받았다'와 '실망스럽다'에서 가장 낮은 점수가 나왔다. 그리고 명상수행자는 일반인에 비해 전전두엽에서 감마파가 현저하게 강하게 나왔다.

오늘날 뉴로피드백 기술은 새로운 전기를 맞고 있다. 세타파와 감마파가 인지능력과 깊은 관계가 있다는 것이 밝혀지고, 뉴로피드백 훈련에 의해 지능은 물론 학습이나 업무능력, 공연능력 등이 향상된다는 것이 밝혀졌다. 뉴로피드백은 인간의 뇌 능력을 극대화시키고 최적화시키는 기술로 새롭게 자리매김하고 있다.

뇌는 신경망을 발달시키면서 죽을 때까지 끊임없이 변하는데 이를 '가소성'이라고 부른다. 뇌의 이런 특성 때문에 뉴로피드백이 뇌의 신경망을 새롭게 발달시키고 뇌 전체 조직을 재정비하여 발달시킬 수 있는 것이다. 물론 명상 역시 뇌의 가소성 때문에 가능하고 효과가 나타난다. 뉴로피드백이 좀 더 쉽게 명상의 효과를 볼 수 있게 하는 방법인 이유다.

3) 명상효과

'명상을 아직도 종교적인 것이다.'라는 생각 때문에 멀리하는 분들이 많은 것 같다. 하지만 명상은 일상의 번거로움과 스트레스로부터 벗어나 잠시 고요히 마음을 가라앉혀 내면의 평화를 얻기 위한 것이다. 건강한 몸과 맑은 정신을 얻으려는 것이다, 판에 박히고 따분한 일상으로부터 벗어나 무언가 새롭고 신비한 내면의 세계를 찾아 떠나는 것이다. 삶의 매 순간에 늘 깨어있으려는 것이다. 내 몸의 기운을 다스리고 정신을 다스려 우주와 조화를 이루려는 것이다. 삶의 근본적인 문제인 생사 번뇌의 족쇄를 풀고 영원한 대자유인이 되려는 것이다. 덧없는 기쁨과 슬픔을 넘어 영원한 기쁨을 찾으려는 것이다, 마음 깊은 곳에 숨겨져 있는 참 나를 찾는 것이다, 유한한 소아를 벗어나 무한한 우주와의 합일에 이르는 길이며, 이 세상의 창조주나 근원자인 신을 만나는 길이기도 하다.

명상에 대한 답은 각자 자기의 수준에 따라 그리고 자기의 세계관적 배경에 따라 다양하게 나올 수밖에 없다. 그래도 그 속에서 비교적 보편적이고 일반적인 정의를 찾아야 한다. 그래야 명상에 대한 보편적이고 일반적인 이야기를 할 수 있기 때문이다. 즉 명상은 우리의 눈을 깨끗하게 하고, 귀를 고요하게 하고, 마음을 잔잔하게 보존하는 방법이다.

명상은 건강한 몸, 맑은 정신, 깨어 있는 영혼을 추구하는 행위이다. 명상법의 종류에 따라 어떤 것은 건강한 몸을 더 중시하기도 하고, 어떤 것은 몸보다는 마음을, 어떤 것은 영적인 각성을 더 중시하는 경우도 있다. 그러나 기본적으로는 이 세 가지를 모두 갖추는 것을 이상으로 삼고 있다. 건강한 몸, 맑은 정신, 깨어 있는 영혼은 우리가 행복한 삶을 누리는 데 필수적인 것이다. 그러므로 명상이란 행복한 삶을 누리는 데 절대적으로 필요한 훌륭한 벗이라고 할 수 있다.

이전에는 명상법은 일반 사람들이 쉽게 접하기는 어려운 것이었다. 명상은 이전에는 주로 종교인이나 세속을 떠난 은자들이 행하는 것이었고 명상법도 주로 종교 집단의 전문 수행자들이나 깊은 산중의 은자들 사이에서만 전수되어 왔다. 그래서 훌륭한 스승을 만나거나 혹은 비전의 명상법을 전수 받기 위해서는 각고의 노력을 하거나 기이한 인연을 통하지 않으면 안 되었다. 그러나 요즈음은 서점에만 가면 명상법에 대한 좋은 책자가 수없이 많이 출판되고 있다. 옛날에는 명상의 세계는 고원하고도 심오한 세계였다. 명상의 효과는 눈으로는 알 수가 없으며 명상을 통해 얻은 높은 경지도 일반인으로서는 감히 추측할 수 없는 것이다. 게다가 대부분의 경우 명상의 세계는 종교와 바로 직결되는 것이기 때문에 거기에는 막강한 권위가 부여되기 마련이었다. 그리하여 명상의 세계는 항상 신비에 쌓여 있었다. 그러나 지금은 그렇지가 않다. 지금은 과학의 시대이자 탈신비화의 시대이다. 과학의 위력은 명상의 세계에까지 점차 다가오고 있다. 이제는 명상의 원리도 점차

과학적으로 증명되고 있는 중이다. 과학의 힘은 명상을 대중화하는 데 많은 공헌을 하였다.

　최근 구미에서는 명상법이 우리의 육체와 정신의 긴장을 완화시키고 안정을 가져다주는 효과가 있다는 것을 밝히는 논문이나 실험 결과물들이 쏟아져 나오고 있다. 이에 따라 많은 의사들이 환자들에게 여러 명상법들을 권하기도 한다. 그리고 기업체에서 사원들의 작업 능률의 향상과 원만한 인간관계를 위하여 명상법을 권장하기도 한다. 우리나라에서도 점차 그렇게 되어가고 있다.

　사람들은 왜 명상을 하는가? 다양한 이유에서 명상을 하고 있다. 즉 마음을 가라앉히기 위해, 스트레스 해소나 관계개선을 위해, 자기 자신을 이해하고, 자신의 잠재력을 개발하기 위해, 또는 삶의 의미와 목적을 찾고 자신의 마음을 일깨우기 위해 명상을 한다.

　데이비드 호킨스 박사 〈의식혁명〉에서 의식밝기(레벨)가 올라 갈수록 행복감이 커진다고 얘기하고 있다.

LUX	의식수준	감정	행동
700-1000	깨달음	언어이전	순수의식
600	평화	하나	인류공헌
540	기쁨	감사	축복
500	사랑	존경	공존
400	이성	이해	통찰력
350	포용	책임감	용서
310	자발성	낙관	친절
250	중용	신뢰	유연함
200	용기	긍정	힘을 주는
175	자존심	경멸	과장
150	분노	미움	공격
125	욕망	갈망	집착
100	두려움	근심	회피
75	슬픔	후회	낙담
50	무기력	절망	포기
30	죄의식	비난	학대
20	수치심	굴욕	잔인함

〈의식밝기에 따른 수준〉

 만약 내 의식의 레벨이 낮다고 낙담하지 않으시길 바란다. 의식의 레벨은 명상을 통해 얼마든지 높일 수 있다. 즉 명상은 외부에 쏠려있던 의식을 내 안으로 향하게 하면서 나를 돌아보게 만든다. 그런 과정에서 자신도 몰랐던 무한한 가능성을 보게 되고, 의식의 밝기가 더욱더 밝아지게 된다. 신경과학분야 국제저명학술지인 뉴로사이언스 레터에 의하면 명상을 규칙적으로 할 경우 스트레스 감소 및 긍정적인 정서반응 등 정신건강 증진에 효과적이라고 한다.

나를 찾아 행복을 주는 명상

2.3평 세상 속 깨달음

초판인쇄 2018년 06월 22일
초판발행 2018년 06월 28일
저　　자 정성호
발 행 인 권호순
발 행 처 시간의물레
등　　록 2004년 6월 5일
등록번호 제1-3148호
주　　소 서울시 마포구 마포대로 4다길 3(1층)
전　　화 02-3273-3867
팩　　스 02-3273-3868
전자우편 timeofr@naver.com
블 로 그 http://blog.naver.com/mulretime
홈페이지 http://www.mulretime.com
I S B N 978-89-6511-224-2 (03800)
정　　가 13,000원

* 이 책의 저작권은 저자에게 출판권은 시간의물레에 있습니다.
* 잘못된 책은 바꿔드립니다.

국립중앙도서관 출판예정도서목록(CIP)

나를 찾아 행복을 주는 명상 : 2.3평 세상 속 깨달음 / 저자
: 정성호. — 서울 : 시간의물레, 2018
　　p. ;　cm

ISBN 978-89-6511-224-2 03800 : ₩13000

명상[冥想]

186.5-KDC6
616.89-DDC23　　　　　　　　　　　CIP2018018703